青天の霹靂 渋沢栄一の実像

みの ごさく
Mino Gosaku

風詠社

目次

青天の霹靂　渋沢栄一の実像……9

装幀　2DAY

青天の霹靂　渋沢栄一の実像

はじめに

渋沢栄一の伝記をひもといて、雷鳴か電気にうたれた思いをしない人はいないだろう。

確かに、彼は「論語」と「算盤」とは両立する、いや両立させなければならない、と説く。

しかし、その考え方の基本は、「事業は、社会公共のために行われるべきであり、利益は結果としてついてくるものだ」という信念である。こうした利益と道徳との合一論は、佐藤一斎の言志四録に端を発し、その高弟山田方谷《ほうこく》にうけつがれ、さらにその愛弟子の三島中洲（二松学舎の創立者）へと続いてきたものであった。朱子学派の「武士は食わねど高楊枝」の精神に対峙する。渋沢栄一は、三島中洲とは肝胆相照らす仲であった。

振り返って、現代社会はどうか。金を儲けるためには、何でもやる、という事業者が圧倒的に多いのではないだろうか。例えば、売上げをふやすため、北朝鮮や中国に砲筒などを輸出しようとした会社があった。休日に働かせて残業代を払わない会社、製品の品質管理を不十分なまま出荷する会社などなど。渋沢栄一なら、あなたは、国家公共のためを考えていますか、これでは事業をやる資格はない、と戒めるだろう。栄一の考え方は、国家があり社会が栄え皆がひとしく幸せになることが、儲けの前提なのだということだ。

この著作が完成して、渋沢栄一の曽孫（正男の孫）である渋沢寿一氏と知り合い、本稿に眼を通していただいた。やや長文であるが、寿一氏の感想を収録する。

百姓の倅であった栄一が、士農工商の悪弊に憤り、全ての職種に公平な貨幣、そのルールともいえる「資本主義」をこの国に導入し、今日の日本の基礎を築いたことは、（私の）父母や親せきからも聞かされておりました。子供の頃は、その縁戚に生まれましたことを誇りと思って育ちました。

ただ、今日の世の中を見ると、我が国の国家財政、そしてコロナ禍の中でもバブルともいえる金融マーケット、パソコンの中で富を生み出すウォール街経済、益々進む貧富の二極化……などを散見するにつけ、渋沢栄一の目指した資本主義自体が、大きな曲がり角に来ていることを実感しております。

これからの世界で、仮に栄一が生を得たならば、彼を動かすモチベーションを何処に見出すのでしょうか？

貴著「渋沢栄一の実像」の中で栄一は、「何を成しとげた人」ではなく、「何を大切にして生きた人」かが読む者に迫り、心が動かされました。栄一は、とかく（会社創業などの）「業績」で語られますが、「生き方」の人だった、と思います。その想いこそが、これからの世の中を切り開く人物や思想を産むことを確信いたしました。（後略）

寿一氏の指摘は、まことに鋭いところをついている。現代社会は、日本も米国や欧州も、中央銀行が超金融緩和政策をとっており、金あまりから株式市場や仮想通貨が混乱状態を続けている。これは、いずれ是正されるであろう。

そのあとには、どんな思想が主流になるのだろうか。願わくば、あくせくと金儲けをするよりも、生活のゆとりとか楽しみとか、あるいは生きがいといった人生観が広がることが望ましいのではないだろうか。

栄一の旧邸

現在の一万円札の肖像は福沢諭吉であるが、一〜二年後には「渋沢栄一」に変わることになっている。今財務省の印刷局は、輪転機をフル回転させて新札を刷り溜めしているところだ。渋沢栄一の住んでいた家が、終戦後財産税が課されたとき、物納で国に納められ、そのまま第一公邸という名前で、旧大蔵省の会議場として使われていた。場所は港区三田の二の橋の上である。青々とした広い庭をもつ古くて大きな二階建ての家。毎年大蔵省の採用試験は、そこで行われていた。新入生の歓迎会や、海外に赴任する人の送別会、またG5やG7の蔵相たちの秘密会合などが、そこで開かれたこともあった。二階にあがるとギーギーと音がしたが、扁額や掛軸には立派なものがあった。建物の老朽化に伴い再建の是非がとりあげられ、古い家はとり壊される運命となっていたが、渋沢栄一の元秘書が、移築して記念館にしたいと申し出られて、そのふるさとで生き残ることになった。あの額や書のたぐいは、どこに保存されているのだろうか。

渋沢栄一の出身

渋沢栄一は、血洗島村《ちあらいじまむら》の出身、この不気味な名前の村は、武蔵国岡部藩にあり現在は埼玉県深谷市にある。村の名前の由来はいろいろあるようだが、渋沢栄一本人は、後三年の役の際、源義家の家臣が片腕を切り落とされ、その腕を洗ったという言い伝えから、という説を紹介している。そのほか、赤城の山霊がほかの山霊と闘って片腕をひしがれ、その傷口をこの地で洗ったとする説や、ケセンというアイヌ語があり、沼のほとりを指したところから血洗ができたという説（ほかにも気仙沼などの例がある）などが存在する。

栄一の父は、市郎右衛門といい尾高家から渋沢家にむこ養子に入った働きものの百姓で、几帳面で義侠心にとみ信望があったので、領主から苗字帯刀を許された。藍の生産、藍玉の製造と紺屋への売却を商売としていた。母お栄はおとなしく思いやりの深い人で、公衆浴場で癩病の隣人が入浴してきても、他の人のように逃げたりはせず、医者が癩はうつらないと言ったからとその背を流してやったという話がつたわっている。男兄弟六人、女姉妹四人という大家族だった。

栄一は、五歳の年から父に三字経を習い、七歳の頃から従兄の尾高新五郎に四書五経（大学、中庸、論語、孟子および易経、詩経、書経、春秋、礼記）を教わった。このときの勉強が、のちの論語や孔子の教えを信奉する基盤となっている。

近代資本主義の父

渋沢栄一は、日本における近代資本主義の父として、多くの企業を創設し、また社会事業や教育事業の面でも多くの実績を残しているが、よくみると必ずしもこてこての資本主義者ではなかった。その生涯は、むしろ広く人道主義者であり、博愛主義、人間主義の信念に貫かれていた。一例をあげると、世界遺産に登録された富岡製糸場は、明治政府の依頼によって、仏人ブリューナの指導のもと渋沢が立ち上げ、その後親類の尾高新五郎に工場管理を委託したほど関係が深かったが、女工たちが待遇改善を求めてストライキを始めたときは、女工側に対し応援をしている。また、岡谷の繊維工場の女工たちがストライキをしたときは、二〇〇円（現在の二〇〇〇万円以上）もの資金を送って支援している。

資本家と労働者との関係は親子のようなものであるとして、親は愛情をもって、子は孝の心で話し合えば、「仁」や「恕《じょ》」（おもいやり）の精神で問題は解決する、と信じていた。

渋沢は、当時の貧富の格差問題についても触れている。「社会が進化するに従って、富豪と貧民との間の隔絶が次第にはなはだしくなってゆくことは、欧米の先例がこれをものがたっている。貧富懸隔という禍害が生じてくるのだ。これについては、真摯敦厚の風をもってあたるべきだ。すなわち、富豪は自ら富豪たるの本分を守り、社会に向かってその責任を明らかにする。貧者も貧者としての分を守って努力勉励し、上下の間に相憐れみ相譲るの風雅あるならば、この間一波の動くなく、社会はきわめて静平なることを得るであろう。これは、仁義、道徳、孝悌、忠信の道を行う、ということである。」という趣旨のことを述べている。

要するに渋沢は、資本家である前に人間であった。

渋沢栄一が設立や運営にかかわった企業は、約五〇〇社にのぼる。銀行では、第一国立銀行、日本興業銀行（ともに現在のみずほ銀行）をはじめとして、日英銀行、帝国商業銀行、七十七銀行など。

製造業やサービス業では、東京電灯、東京瓦斯、東京石川島造船所、東京人造肥料（日産化学）、日本鋼管、日本化学工業、東京水力電気、帝国ホテル、東京製綱、東京帽子、日本ガス製造、大日本麦酒（アサヒビール、サッポロビール）、日本郵船、日清汽船、浅野セメント（太平洋セメント）、汽車製造（川崎重工業）、浦賀船渠、日本醋酸製造、王子製紙、中央製紙、東京海上火災保険、万歳生命保険（日本団体生命保険）など。

さらに続けると、日本鉄道、日清生命保険（日産生命）、大日本精糖、明治製糖、大日本塩素、品川白煉瓦、日本皮革、帝国ベッド、大日本遠洋漁業、日本醤油、東洋硝子、東洋汽船、日本土木、日本航空輸送、日本自動車、渋沢倉庫、日本無線電信など。

ローカルでは、磐城炭鉱、十勝開発、京阪電気鉄道、群馬電気鉄道、北越鉄道、大阪紡績および三重紡績（東洋紡）、京都織物、広島水力電気、函館船渠、小樽木材、名古屋瓦斯、京阪電気鉄道、東海倉庫、石狩石炭などなど。

渋沢栄一の理念

渋沢栄一は、これらの企業設立の提案がもち込まれるのを野放図に支援したのではない。これらの企業がどのような意義をもつのか、国家社会のために有益なものかどうか、今日でいう公共性、公益性をもっているか否か、を問う。次に、収支採算がとれる事業計画をえがくことができているか、を問う。すなわち、採算がとれないものは困るが、何よりも社会国民のためになる事業であって、結果として利益があがるものをよしとした。そして、儲け話を主眼とするものは、断固拒否。彼の信念がみてとれる。

なお、そのほかに、起業の時機の適否と、業務を担当する人材の有無についても、これをチェックする必要がある、と述べている。これらの基準に合致して了解を出したあとも、出資の程度をみたり道徳心の尊重を要請したりしている。

さて、渋沢栄一は、有名な「言志四録」を著した江戸末期の儒学者、佐藤一斎とも大いに関係がある。多くの朱子学者が、「義」と「利」とは相反する、と説いたのに対し、佐藤一斎は陽明学の立場をも踏まえて、「利」というものも、その使い方がよければ許される、と説く。一斎の高弟である山田方谷（備中松山藩の財政再建を果たした重臣）は、「義」と「利」とを明確に区分し、正義を明らかにして利益を目的とせずに、貧富の格差の是正を図ってゆけば、必ず道は開ける、という理財論を述べ、実践している。

誠実を貫いた山田方谷の愛弟子である三島中洲は、方谷の考え方をひきつぎ、さらに義（正義、道義）と利（利益、利得）とは、対立するものではなく、義にかなった利益のあげ方がある筈とした「義利合一論」を展開。三島は、「目の前に利益がぶら下っているとき、必ずそれに義があるかどうかを真剣に考えなくてはいけない。利を追求して、最終的につめてゆくと、義になる。利と義とは一体でなければならない。」という。

渋沢栄一は、三島中洲と親しい友人となり、三島が創設した二松学舎の顧問や舎長（学長）を、三島の死後これをひきついで十数年間つとめたのだった。また、渋沢の最初の妻千代は、明治一五年に四一歳の若さでこの世を去るが、その墓碑銘は、三島中洲が書いている。

論語とそろばん

古い朱子学派の儒学者たちが、道徳と利殖とは相容れない、すなわち、論語は道徳上の経典であるのに対し、利益をはじく算盤（そろばん）はこれと全く反対の貨殖の道具であり、この両者は相容れないものだ、と説くのに対し、渋沢は、それは論語の読み間違いであり、道徳（論語）と利得（算盤）とは、相一致しなければならない、という持論。渋沢は、小山正太郎画伯の描いた「介眉帳《かいびちょう》」という掛軸を所有しており、そこには論語と算盤とを一緒にえがいてある。これを三島中洲（「鴻儒」と尊称している）に示すと、三島も同感であるとして、その後「論語算盤論」を著わした。

論語には、「富と貴とはこれ人の欲するところ、その道をもってせずしてこれを得れば、おらざるなり」とある。すなわち、正しい方法で富貴を手に入れた者以外は、ここから去れ、と、きびしく言っている。反対に、「貧と賤とはこれ人の悪《にく》むところなり、その道をもってせずしてこれを得れば、去らざるなり」とある。

また、論語には、「不義にして富みかつ貴きは、我においては浮雲の如し」とある。誠実で正しい道筋をふんで儲けることが大切だ、というのだ。渋沢の理念は、天下国家そして国民、公共のために事業を行うのだ、ということだった。

当時この正反対の道を歩む男がいた。岩崎財閥の創始者岩崎弥太郎。岩崎は五〇歳そこそこで亡くなったが、その直前の言葉として、ほとんどの人は金《かね》で動かせたが、ただ一人渋沢栄一だけは煮ても焼いても食えない男だった、という旨の述懐をしている。岩崎は渋沢を宴席（向島の柏屋）に招いて、二人で組んで海運業を独占して大儲けをしようと持ちかける。

渋沢は、事業は国家社会のため国民の共存共栄のため（渋沢の言葉で「国利民福」）に行うものであり、初めから私利私欲のための独占的利益を図ろうとする考えにはのれない、と言って断った。この時期に、明治政府による台湾出兵や西南の役における山県有朋の軍の輸送で、明治政府から独占的利益をえようとしていた岩崎にしてみれば、思いもかけない拒絶であり、儲け方を知らないのか、という気がしただろう。結局二人は話がかみ合わず、渋沢はなじみの芸者と隅田川の船遊びにでかけてしまった。終生二人はたもとをわかったままだった。

渋沢にとっては、事業は国家や社会のために行なうものであり、国民の利益のために働くからには、独占的利益は考えられず、「合本法」（株式会社組織のこと）にもとづく「共栄」こそが持論だった。

国家と社会への奉仕

渋沢にとって、「国家」とは、社会を統一して支配するためにつくられた機関である。一族の集合が一家となり、一家の集団が一村落となり、一村落が一郡となり、一国となる。また、「社会」とは、国家から政治的組織を除却すれば、国家と社会との差別はない。多数人民が相交わるというのが社会である。

ところで、現実の商工業者は、江戸から明治にかけて徐々に金儲け第一主義から脱しつつあったが、まだ志の高さや道義的責任感からはほど遠いことを、渋沢は認識していた。「今日の商工業者には、実力、才腕ある者が少ないが、これも旧来の士農工商的階級意識が厄いしているので、これを一掃し、商工業者の徳義を具現させ、その地位を向上させることが急務である。こうした大目的を実現させるために精進することは、男子の本懐である。」という趣旨のことを述べている。

そして、実業家は、実業家道をもつべきと提唱し、実業家道とは武士道なり、という。武士道とは、正義、道理、廉直、義侠、敢為、礼譲、徳操からなるもので、不善、不義、背徳、無道を避けるべきである。実業家、商工業者が旧来の考え、すなわち商売で仁義、道徳にこだわると利益が得られぬ、とする発想にとらわれて、道徳観念を無視して一時の利に走らんとする傾向があってはならないし、非道を行ってでも私利私欲をみたそうとすることは、人間行為の標準を無視したものである。

「今や武士道は、移しもって直に実業家道とするがよい。日本人は、あくまで大和魂の権化たる武士道をもって立たねばならぬ。（中略）余は、武士道と実業家道とはどこまでも一致しなければならぬもの、また一致し得べきものであると信ずる。」と主張している。そして道義の基本は、誠実であり、誠実な商売が信用を生む、という。

ところで渋沢にとって「道理」とは、「人間の踏み行なうべき節目」であり、人が従うべき掟であって、人の行くべき道である、とする。孔子のいう「忠恕」とか「篤敬」というものが道理の本体であろう、という。論語には、「言は忠信、行は篤敬」とか、「天子の道は忠恕のみ」と述べられている。「忠」とは、現代では「誠実」ということであり、「恕」とは「おもいやり」である。その上で「道」とは、人の心に行なうところ、また守るところの正しき一切のこと、その上に、人の心に行くべき経路である。また「理」とは、筋目であってすべてを筋立てることをいう。なお「仁」とは、まごころといってもよいだろう。

このように渋沢の説く商工業者の道徳理念は、すべからく孔子や論語から由来するものであった。

さて、渋沢は、論語を生涯のよりどころとして尊重していた。そして「中庸」という考え方をもっとも重んじていた。中庸なり中和なりを得ることができれば、世の中のことは必ず円滑にやれるはずである、という。

では、「中庸」とは何か。孔子は、「君子は中庸す、小人は中庸に反す」という。「偏せざるこれを中といい、易（かわ）らざるこれを庸という。中は天下の正道、庸は天下の定理」（朱子）。「喜怒哀楽のいまだ発せざることを中といい、発してみな節に中（あた）るこれを和という。中は天下の大本なり、和は天下の達道なり」（子思）。

栄一の身の下ばなし

ところで、論語には性道徳に関する訓言がほとんどない。そのため、栄一の二番目の妻かねは、「大人《たいじん》（栄一のこと）は、論語とはうまいもんを見つけなさったよ。あれが聖書だったら、てんで守れっこないものね。」とぐちをこぼしていた。

栄一は、先妻千代（栄一の従妹）と後妻かねとの間に十一人の子供を生ませたほか、「一友人」と呼んでいた妾が順次三人いて、その間に少なくとも四人の子供をつくっていた。また女中にも手をつけて騒ぎをおこす。妾の子の一人が、旧第一銀行の頭取をつとめた長谷川重三郎であった。旧三菱銀行（当時田実渉頭取）と大型銀行合併を企図したが、失敗に終わった。マスコミは、その年元旦の読売新聞の特ダネ記事（読売新聞経済部の財研グループによるもの）

が、根回し不足を招き失敗の原因となったとしたが、本当の原因はほかにあった。もし長谷川頭取が、渋沢栄一と岩崎弥太郎との確執を深く考えていれば、そもそも第一銀行と三菱銀行との合併の話は出ていなかっただろう。なお、第一銀行と三菱銀行との合併が白紙になった裏には、総会屋（ヒットマンと呼ばれた）が介在したこと、第一勧銀になって捜査が及んだため当時の宮崎会長が責任をとって自殺したこと、などはすでに歴史のかなたにほうむり去られている。

少し横道にそれたが、渋沢栄一は、身の下話では自分は発言する資格がないのだが、と断りを入れながらも、あえて、伊藤博文の女好きには困ったものだ、という。手当りしだいに女子にちょっと口出しをして、あっという間にものにしてしまう、そういうタイプの人間だ、と批判する。渋沢は、伊藤博文とは親しく、海運業における岩崎との確執の相談とか、第一銀行の朝鮮支店の業務引継ぎを、「韓国銀行を設立して中央銀行となし、従来の第一銀行の業務はこれをひき継ぎたい。何とか国家のために、これをきいて欲しい。」という伊藤の依頼を、断腸の思いだが「国家のため」ならやむを得ない、として応諾していた（明治四一年）。

伊藤がおこした政友会への入党勧誘も、渋沢は実業界にとどまりたいとして、かたくなに断っている。明治三五年には、大蔵省時代の上司だった井上馨が長老から押されて総理大臣に擬せられたとき、井上は渋沢栄一が大蔵大臣をやってくれるなら総理を引き受ける、と条件をつけて答えた。長老たちや日銀総裁などが渋沢の説得にあたったが、固辞。最後に、伊藤から蔵相就任を説得されたが、渋沢は、政治家になるつもりはない（第一銀行の取締役会も全会一致で反対を決議していた）として断ってしまう。

「私は、正直なところ政界に入りたくないのです。私は第一銀行を始めたとき、これなら心配ないというところまでは決して銀行をやめない、という覚悟をしていました。」この結果、井上馨内閣案は流産し、桂太郎内閣が誕生する。

　このように、伊藤を尊敬し深い交際をしていたが、それでも伊藤の女性問題（一例をあげれば、自宅へ妾の一人を連れこんで、一時妻妾同居させていたことなど。伊藤には七人の妾がいたという噂）には、これは眼にあまり人倫にもとるものがある、と考えたのだろう。

　栄一の基準では、妻という立場は侵しがたい存在であり、妾とは根本的に異なるものだという考え方だった。自分と千代との間の嫡男である篤二（長男は夭折）が、妻を追い出して芸者を家に入れて正妻としたことも、人倫にもとるとして、篤二を廃嫡し、生涯許さなかった。

　渋沢栄一の飛鳥山の別荘「暖依（あいい）村荘」（その命名は、陶淵明の田園ノ居ニ帰ルの「暖々《あいあい》タリ遠人ノ村、依々《いい》タリ墟里ノ煙」による）で催した宴会のあと、伊藤博文が若くてきれいな芸者を車にのせて走り去るのを、栄一・かねの四男秀雄が、正義感から真赤になって怒っている（しかし後年秀雄は、「私の正義感は次第に伊藤への羨望の念に変った。」と述べて苦笑している）。女性は、お金だけでは動かせない。伊藤には、女性をひきつける何かがあったのだろう。

因みに、実践女子大学の創立者で歌人の下田歌子女史（明治天皇の皇后に重愛された）も、伊藤の誘惑は拒否したものの、伊藤人脈の一員として伊藤を頼りにしていた。なお、栄一と千代との間の長女は歌子と命名され、東京帝大教授で法学者の穂積陳重に嫁しているが、渋沢秀雄は穂積から民法を学んだと思われる。

渋沢栄一も、多くの女性がその周辺にいたのだから、その巨体から発する何らかの魅力があったことは、間違いなかろう。

維新の元勲たち

渋沢栄一は、明治維新のもう一人の元勲山県有朋についても辛口のコメントをしている。山県が、椿山荘（東京目白）、太閤園（大阪）、無鄰庵（京都岡崎）、古稀庵（小田原）など、多数の別荘をもち妾を囲っているのに対して、一体どういう金でつくったのかと、山県の露骨な錬金術と無反省な公私混同を批判している。そして、国家という天下の公器を個人の家としてはならない、という。

こうした維新後の高官の振舞に対して、西郷隆盛は「南洲翁遺訓（庄内藩士三矢藤太郎編）」の中で、「草創の始に立ちながら、家屋を飾り、衣服を文《かざ》り、美妾を抱へ、蓄財を謀りなば、維新の功業は遂げられ間敷也。今と成りては、戊辰《ぼしん》の義戦も偏へに私を営みたる姿に成り行き、天下に対し戦死者に対して面目無きぞ、とて、頻りに涙を催されける。」と、きびしく指摘している。

西郷隆盛については、渋沢は次のように他の人たちとは別次元で評価している。「一日逢えば一日の愛が生じ、二日逢えば二日、三日逢えば三日、もう一緒に居ると離れられなくなるという魅力を持った人（これは西南の役における豊前中津隊の増田宋太郎隊長の言葉の大要を引用したもの）。赤心の人であり、ほかの人とは次元が違う人物。」

江藤新平については、「強情で、傲慢で、自分が言い出したら後には引かない。それが自分の身を滅ぼす基である。」

大隈重信については、山葵《わさび》をきかせたり、多少ほめたりしている。明治六年に大久保大蔵卿と井上、渋沢とが対立して大蔵省をやめるときには、大隈を頼りにしようとしたが、大隈は大久保の影響下にあって全くあてにならなかった。

勝海舟については、「年がら年中命を狙われる。人から見て腹黒く思えるからだろう。」

岩倉具視については、「策略ある人間が要路に立つと、生命を狙われる。」

一橋慶喜については、徳川氏の驕り高ぶりがもとで幕府は崩壊したが、その中で慶喜公は格別の人物だった、と。因みに明治天皇は、後年慶喜を食事に招待し、「維新のときは有難う。」と謝意を伝えている。

逆境か幸運か

ところで、渋沢栄一は、自分の生涯は逆境の連続だった、と述懐しているが、筆者から見ると、たしかに一旦は逆境に追い込まれるのだが、それを自分の努力や中庸をえた判断力、柔軟性などによって、逆に好運に転換しているように思われる。

第一に、若い頃父親の名代として岡部藩陣屋の代官のところに出頭し、領主安部氏の娘の嫁入り費用の提供（渋沢家は五〇〇両を割り当てられる）を命じられた。

代官の一方的な資金提供の命令に対して、若い栄一は、年貢を沢山払っているのに、なぜ娘の嫁入り費用まで出さなければならないのか、と思って、「私は親の名代で参りましたから、ここでお受けするとは申し上げかねます。」と断る。

代官は、「お前はもう一七歳で、なかなか利口だというではないか。もっと大人らしく、分別を出して、あとさきを考え、即刻お受けいたさんと、その分にはすておかんぞ。」といっておどす。

栄一は、憤りと口惜しさに全身がわなわなとふるえた。あんな教養のない男に、なぜあれほど威張りちらされねばならないのだ。あくまで「風邪を引いた親の名代ですから、お受けいたしかねます。」と突っぱると、代官も根負けして栄一を帰した。栄一は、こんな屈辱をうけるのも、侍が威張り農民などが搾取される士農工商の身分制度が悪いのだ、その上に立つ幕府がいけないのだ、と痛感した。

家に帰って父市郎右衛門に報告すると、父は「それが、泣く子と地頭には勝てない、ということだ。五〇〇両はわしが明日行って納めてこよう。」

レジスタンスの年代

こうした事件、いわばレジスタンスの中から、栄一の官（政）に対する反感と、民（商工業）に徹するという気概が生まれてきたと思われる。その後一八歳で従妹千代（一七歳）と結婚する。

従兄の尾高新五郎の水戸学によって強い影響をうけた栄一は、倒幕という革命思想にかぶれてゆく。「革命」とは、天の命を革（あらた）めることである。

主な同志は、主将が尾高新五郎、京都在住の尾高長七郎、渋沢喜作、渋沢栄一、真田範之助、江戸の千葉道場から参加した中村三平らであった。栄一の役割は、千葉道場などで革命の同志を集めること、実際に七〇人ほどの同志が集まった。また武器を集めて故郷の血洗島村にかくすこと、だった。

文久三（一八六三）年一〇月二九日の夜、幹部が集って高崎城討ち入りと横浜外人街の焼打ちの計画を討議。このとき、従兄の尾高長七郎が反対論をとなえる。

「挙兵そのものに不賛成だ。これは無謀きわまる暴挙だ。失礼ながら兄さん（新五郎）も渋沢君たちも、天下の大勢を知らない。いや、率直にいえば、竹槍とムシロ旗の百姓一揆同然だ。首を切られるだけの話だ。兄さん、さっさと同志を解散させなさい。」

「先般決起した十津川浪士は、主将に有名な中山侍従忠光をいただき、同勢も一〇〇人以上で、藤本、松本、吉村などという知勇兼備の武士が奮戦力闘したが、地元五条の代官を切っただけで敗走。」

長七郎の決起反対の熱弁が続く。

「七〇人足らずの同勢では、高崎城乗っとりなど思いもよらない。よしんば乗っとれたところで、すぐに幕府軍に攻めおとされることは火を見るよりも明らかだ。横浜外人街焼きうちなど、出来っこない。最後は討ち死か獄門首が関の山だ。有為の諸君に、犬死はさせたくない。」

さすがに京都で諸藩の動きなどを見てきただけあって、大地に足がついた実際論だった。栄一たちの八犬伝式挙兵計画は、空想論にすぎない。

主将の新五郎が、「それでは挙兵を中止して、しばらく天下の大勢を見ることにしよう。」としめくくる。中止後の栄一の任務は、集めた武器を幕吏にさとられないようにもとに戻すことだった。もし討ち入りと焼き打ちが実行されていれば、その後の渋沢栄一は存在しなかったろう。栄一らを救った長七郎のほか、中村三平、福田滋之助の三名は、後日不穏分子として幕吏に捕らえられ投獄されている。長七郎は、維新後出獄したものの病死している。

第二の幸運であるが、栄一と渋沢喜作とは京都にのぼって、水戸藩に仕える。父市郎右衛門は、餞別として一〇〇両を栄一にもたせた。そのうちかなりの分を二人で江戸吉原で散財してしまった。後日妻千代への手紙の中では、「女ぐるいもしておりません。」と書いており、おいらんは女ぐるいとはカテゴリーが違うという認識だった。

平岡円四郎との出合い

京都では、幕府から危険人物として狙われる。江戸を発つ前に、水戸藩の実力者平岡円四郎の根岸邸を訪ね、事情を正直に話して、平岡夫人から「平岡家来」という手形をもらった。京都について、平岡を水戸藩邸に訪ねると、平岡円四郎は栄一たちのこれまでの行動を聞いた上で、

「幕府から当藩へ掛け合いがきている。君たちが本当に私の家来かどうか。もし家来でないなら即刻引きわたせ、というのだ。わしは君たちに好意を持っている。悪くははからわぬ。」

「もし君たちが牢へ入れられれば、十中八九病気になって牢死する。それは気の毒だ。ただ一

つ助かる道は、一橋家の家来になることだ。慶喜公にお仕えする気はないか。」

「新規に人を召しかかえるのはむずかしいことだが、拙者は君たちの志が気に入っているから、骨折ってみよう。水戸の一橋家は、徳川一家の中でも独特の藩で。慶喜公は英明の主君だ。たとえぞうり取りをしたとしても、張り合いがあるぞ。」

と理をつくして説得する。

こうした懇篤な説得に対して、栄一と喜作は、「われわれは、命惜しさによって仕官するのではなく、慶喜公がわれわれを有為の人材と見込んでとりたててくださること、またわれわれの意見書を慶喜公がお読みくださり、その面前でご説明する機会をくださること」というとんでもない条件を付す。平岡円四郎は、そんな前例はない、といいながらも、慶喜公の乗馬の際にさりげなくひきあわせたり、「内御目見得」という引見をとりはからってやった。百姓である栄一と喜作が大名である慶喜公に面会できるということは、本来なら彼らにとってはまさに青天のへきれきであったといえよう。栄一らが、幕府の腐敗や改革などの激しい意見を述べるのに対し、慶喜公はフンフンと聞くだけで何もいわなかった。これらを経て平岡は、栄一ら二人を一橋家の家臣にどうにかとり立ててやる。もともと二人は百姓の身分だったものを、侍にして一橋家に仕えることにしたのだから、二階級の特進だった。栄一はこのとき二五歳で、名前は武士らしく篤太夫と改めた。篤太夫と喜作の俸禄はそれぞれ四石二人扶持《ぶち》で、ほかに京都滞在中の手当が月四両一分。二人とも命を救われたうえ、生活も保障されて感激していたが、勤める以上は主家に対して忠実に勤めよう、と申し合わせた。

ところが、彼らが世話になった平岡円四郎は、二人を平岡に紹介してくれた川村恵四郎とともに、過激な攘夷論者の水戸藩士二人のために、日ならずして暗殺されてしまう。剣道の達人だった川村恵四郎は、自ら重傷を負いながらも、暗殺者たちを斬り殺している。この凄惨な事件は、水戸藩の中で平岡円四郎は開明派とみなされていたため、攘夷派の標的とされたことで起こった。栄一は、もとは攘夷を唱えていたが、ここへきて過激な思想には組しえない、というわば中庸の心がめばえてきた、と思われる。

パリへの出張

慶喜が第一五代徳川将軍（正式には征夷大将軍）になった翌年（慶応三年、一八六七年）、その命により弟昭武《あきたけ》公のお供をして、ナポレオンⅢ世が開催したパリの世界博覧会に派遣されることとなる。渋沢篤太夫の任務は、人事庶務会計。攘夷論をすて現実派となっていた渋沢は、慶喜の指名を即刻引きうけた。正使昭武の御傳役（おもりやく）は、山高石見守、外交担当は、向山外国奉行だった。なお歴史的にみると、この頃フランスの駐日公使ロッシュが、徳川慶喜に対してフランスの軍艦や兵力の貸与を申し出ているが、慶喜はこれを断っている。賢明な慶喜には、フランスの下心が見えすいていたであろう。

思いがけず外国出張を命じられた渋沢にとっては、これも青天のへきれきという思いであったろう。なぜなら当時欧州など海外へ出張するということは、今でいう宇宙旅行のようなものだった。渋沢篤太夫は、フランス出張中の記録を「航西日記」「巴里御在館日録」「御巡国日録」として丁寧にまとめている。

渋沢の出張記録をみると、いかに彼が几帳面な性格であったかがわかる。

例えば上海については、「江岸は、すべて瓦斯灯（地中に石炭を焚き、樋をかけ、その火光を所々へ取るもの）を設け、電線（鉄線を張り施し、エレキテールの気力を以て、遠方に音信を伝うるものをいうなり）を施し、佳木を植え、道路平坦にて、や、欧風の一斑を見る。」とある。

香港でフランス船アンペラトリス号に乗りかえ、スエズ、アレキサンドリアに着く。「一八六五年ごろより仏国会社にてスエズより地中海までの掘削を企て、しかも広大なる土木を起こし、この節経営最中のよし。汽車の左方はるかにタント（テントのこと）など多く張り並べ、もっこを運ぶ人夫等のゆきかうを見る。竣成は、三〜四年の目途にて、成功の後は、東西洋直通の波路を開き、西人東洋の商貨を運輸する便利、昔日に幾倍するを知らずといえり。すべて西人の事をおこす、ひとり一身一国のためにせず、多くは全国全州の鴻益《こうえき》を謀る。その規模の遠大にして目途の宏壮なるなお感ずべし。」と述べている。

フランスでの活躍

フランスに着くと、篤太夫は水を得た魚の如く活躍し、その知識欲は海綿が海水を吸うように文明を吸収している。パリでは、日本名誉領事であるフリュリ・エラール（銀行家）が案内し、随行のフランス人カショーンが通訳を務めた。宿泊は、オテル・グランド。

まず、チュイルリー宮殿でナポレオンⅢ世の謁見式があった。宮廷からは四台の迎えの馬車がホテルへやってきた。一号車には向山と山高、二号車には徳川昭武公使と式部官、通訳のカショーン、三号車と四号車には篤太夫ら随員。二号車は六頭の馬と御者四人、金モールの礼服を着た騎士が前後二人ずつ護衛に立つ。日本代表団の衣冠束帯は、狩衣《かりぎぬ》と素袍《すおう》、大小を腰に差している。花の都パリの大通りを行進するこの異様ないでたちの東洋人を見るために、群集が道路にあふれていた。壮麗な金色の馬車の行列は、宮廷儀礼にのっとった一大レビューだったが、群集の心理はどうであったろう。パンダなどの珍獣を見るようなものだったかもしれない。とくにチョンマゲと大小刀には驚いたのではないか。

チュイルリー宮につくと、一〇〇人の近衛兵が整然たる直立不動の姿勢で迎える。宮殿内に入り、五番目の部屋が謁見の間で、ナポレオンⅢ世とその右に皇后が並び、大臣や女官たちも列をつくっていた。昭武公使は、カショーンの通訳で皇帝皇后とあいさつを交わした。日本代表の一行は、絢爛たる雰囲気の中で夢見心地であったにちがいない。

その後代表団は、軽気球の見物、皇帝の招待でオペラ座を見物、舞踏会に出席した。また、凱旋門に登り、動植物園、コンコルド広場、地下水道などを見学した。ナポレオンⅢ世が主催したブローニュの森での観兵式に参列したとき、ポーランドのベリゾウスキーという青年が、来賓のロシア皇帝をめがけてピストルを撃ったものの、弾は馬を傷つけただけ、犯人はすぐ捕らえられた。その様子は新聞にも報道され、犯人は、人権を尊重され公正な裁判にかけられたが、日本だったらその場で切り殺されただろう。こうした日本との差異は、篤太夫に日本を未開国から脱出させなければいけない、という思いを抱かせたにちがいない。

ナポレオンⅢ世の招待で、ベルサイユ宮殿にも訪れた。篤太夫も随行したが、チョンマゲ姿の日本人としてははじめてだった。こうしてみると、戦後の日本人のおのぼりさんが、パリ見物するコースとほぼ同じである。

プリンス・アキタケ一行は、万国博覧会を見物した。茶室を訪れたときの記録がある。「この茶店は檜造りにて、六畳敷きに土間を添え、便所もありて、専ら清潔を旨とし、土間には茶を煎じ、古味淋酒などを貯え、需めに応じてこれを供す。庭中休憩の場所に床机も設け、（中略）座敷には、〝かね〟〝すみ〟〝さと〟といへる妙齢の三女子、閑雅に着座して容観を示す。その衣服首飾の異なるのみならず、東洋婦人の西洋に渡海せしは未曽有のことなれば、西洋人のこれを仔細に見んとせるもの、縁先に立ちふさがり、目鏡もて熟視す。その座敷は畳床なれば、これに上ることを許さず。ゆえにその体に近づき迫るは得ざりしが、間断なく蟻付蝟集《ぎふいしゅう》して、後者は容易に見るを得ざるも少なからずとぞ。ある良家の少女母に伴はれきて、その衣服を借着し、ついにこれを買はんと請いしことありという。その物数奇なる驚くべし。」

メリメ（カルメンの著者）は、この日本の茶室の展示と女子を見て、「日本人少女の皮膚は、牛乳入りのコーヒーのようで、はなはだ快適だった。」といっている。

博覧会の終盤になって、各国の出品に対し表彰式がパレ・ド・ランデュストリ（産業宮殿）で行われる。そこでナポレオンⅢ世は、

「古代のギリシャ詩人は、オリンピヤードを一大盛事として、多くの詩に歌った。そして今回の博覧会には、世界各国が人知の進歩、技術の発達を競って、あらゆる文明の成果を展示しあっている。（中略）私は、この挙が万民開化の一階梯たらんことを期すると同時に、神の加護によって、この国を愛と正義の勝利へ導くよう敢えて自ら任ずる次第である。」と演説。

ナポレオン皇帝の演説をみると、日本の大阪万博（一九七〇年）の理念「人類の進歩と調和」によく似ており、人間の発想は一〇〇年たっても余り変わらないように思われる。篤太夫は、世界の進んだ科学技術や商工業の実態をまのあたりに見て、驚きと感動で眼の覚める思いをし、日本に帰ったらその商工業を世界の水準に近づけるべく努力しようと決意する。

株式会社組織との出合い

とくに次の三つの点で、大きな感銘をうけた。第一に、名誉領事のフリュリ・エラールから教わった「株式会社」という組織である。パリには沢山の銀行や会社がある。それらは大衆の資金を集めてさまざまな事業を営んでいて、経営者の運営がよければ、産業を興しながら利益をあげている。それにより国家も富み豊かになる。篤太夫は、この株式会社組織を「合本法」と称して後年日本で実現した。

第二に、フランスでは日本のような「官尊民卑」の風がないことである。士農工商という封建的階級制度の厳重な日本。ところがフランスでは、侍である軍人と、町人である経営者や銀行家が同席し、全く差別なく対等に会話をしている。身分の上下が全くないのだ。官尊民卑という差別がない社会こそ、本当の人間関係だと思ったのだ。

第三に、ベルギーを訪問したときの国王レオポルドⅡ世の言葉だった。国王は、昭武一行がリェージュの製鉄所を見学したと聞いて、「それはよい所を見学された。世界の国々の中で、鉄を多く生産する国は富み、鉄を多く使う国は必ず強い。日本はこれから強くなろうとするならば、鉄を沢山使わなければならないだろう。日本が鉄を輸入するなら、ベルギーの鉄を輸入されると良い。」

日本では、身分の高い人は、商売や金銭の話はしないのが品位を保つ、と考えられている。それなのに国王という身分の人が、セールスマンのように鉄の売りこみを口にするのは、篤太夫にとって衝撃的だった。しかし、国王といえども国民の一人なのだから、国益をはかる商魂があってもおかしくない、と気づいた。

篤太夫はパリから郷里の尾高新五郎に、いかに感動したかをつづった手紙を出している。「西洋の開化文明は聞いていたより数等上で、驚き入ることばかりです。天下の気運とでも申しましょうか、到底人知の及ぶところではありません。（中略）私の考えでは、結局外国に深く接して、長ずる点を学び取り、わが国のためにするほかなく、以前の考えとは反対のようですが、いまさら日本が孤立することなど思いもよりません。」

そして女性については、「婦人の美しいことは実に雪の如く玉の如く、普通の婦人でさえ、楊貴妃や西施（中国三大美人の一人王昭君には触れていない）にも負けないほどです。」

このようにフランス文明に圧倒された篤太夫は、わずか四年前、攘夷論を叫んで「外夷の畜生共を残らず踏み殺し」という危険思想の持主だった栄一とは、まるで変わってしまった。それほどすさまじいカルチャー・ショックをうけたのである。

維新の衝撃

昭武一行がヨーロッパの各国（スイス、オランダ、ベルギー、イタリア、イギリス）を歴訪している一年半のうちに、日本では大事件が起こっていた。維新戦争は栄一たちにとって青天のへきれきであった。慶喜将軍が大政奉還を行って政権を返上、鳥羽伏見の戦いなど、逐一幕府からの通知が来たり、フランスの新聞記事で報道された。慶喜将軍は、大坂から江戸に帰り謹慎恭順の意を表明。一方昭武は、水戸藩主死去の知らせがあって、水戸藩主の地位を相続することになり、急拠帰国することとなる。明治元（一八六八）年十一月、一行は海路横浜につき、明治政府の役人によって取調べをうけた。その地位は朝敵の片割れというものだった。

戊辰戦争によって栄一の縁者なども大きな打撃をうけていた。栄一のあととりとして、尾高家から、妻千代の実弟を見立養子としていたが、その渋沢平九郎は、幕臣として上野の彰義隊に参加、飯能まで敗走したあと、官軍兵士三名に見とがめられ、血闘して一人を倒し、二人が逃げ去ったのち、傍らの岩に座して割腹自決した。渋沢喜作は、彰義隊に参加したあと、振武軍なる別動隊を結成して戦ったが、最後は箱館に転戦しそこで降伏。従兄の尾高新五郎は彰義隊に加わったが官軍に敗れ、あちこち逃げまわってやっと故郷の血洗島村にたどりついた。尾高長七郎は、出牢したものの帰宅後病死。

かつての革命の同志たちは惨たんたる状況だったが、栄一だけは外遊のおかげで幕末の混乱にまき込まれずにすんだ。誠に幸運である。

慶喜の温情

第三の幸運は、欧州から帰国した栄一は、まずは徳川慶喜のもとを訪れて、出張報告を行う。静岡にある宝台院という粗末な古寺にちっ居中の慶喜公を訪ね、弟昭武の手紙を手渡し、パリ留学中の生活や見聞を詳しく報告。慶喜からの返書があればそれを昭武に届けるつもりだった。慶喜は栄一の報告を興味深く聞いていた。彼は国家の大所高所から、自分自身も徳川幕府そのものをもすてたのであり、その心は月の光のように澄みわたっていた。

栄一は暫く待ったが返事がない。家老の大久保一翁に聞いてみると、「返書は他の者が持ってゆく。渋沢が水戸藩に帰って藩に務めると、水戸藩士の怨みを買って一命にかかわる事態が起こらんとも限らない。だから渋沢はこのまま静岡に留めおくがよい、という慶喜公のおおせだった。」

水戸藩には根強く残る攘夷派がいて、渋沢の一命が危うい、という慶喜の配慮だった。その思慮深い温情に、栄一は感激した。そして静岡藩からは、「勘定組頭」という職に任命される。

しかし、栄一は民間人として殖産事業をおこしたい、という念願がフランス時代からあったので、これを辞退し、かつ藩士の身分も返上して、かねて習得していた合本法に基づき、静岡紺屋町に「商法会所」という新しい会社をおこした。明治二年二月に開業したので、おそらく日本で最初にできた会社だったろう。資本金は、静岡藩が政府からうけた拝借金や個人の出資を集めたもので、その業務内容は、商品担保の貸付け、定期預金、当座預金、米穀や肥料の売買、製茶養蚕への融資などだった。金融会社と商事会社とを兼ねている。ところが新政府から、藩が出資して商業を営むことは、新政府の方針に反する、という内意が伝えられたので、とりあえず名称だけ変えようということになり、「常平倉」と改称した。これは米穀貯蔵倉庫の名称をそのままとったものである。

明治政府から突然の呼び出し

その年の十月に、東京の太政官政府から、渋沢に呼び出し状がきた。新政府の民部省（のちの大蔵省）へ出頭すると、いきなり「租税正」という役職を任命された。当時の民部卿《みんぶけい》は旧宇和島藩主の伊達宗城《むねなり》、大輔《たいふ》（次官）は大隈重信、少輔《しょうふ》（局長）は伊藤博文。渋沢は、出仕する意思がない旨を大隈邸へ行って伝えた。断る理由は、⑴税務を何も知らないこと、⑵静岡に創設したばかりの事業があること、(3)旧主慶喜公のちっ居している静岡を離れて新政府の役人になる気がしないこと、だった。

これに対して大隈は、

「君は租税のことを何も知らんというが、その点はみな同じだ。今の新政府で働く者で、役所の仕事に知識経験のある者は、一人もおらん。前例や手本はないので、日本中が新規まき直しになったのだ。現在の日本は、少しでも才能ある者が気をそろえて、新規に国を建て直さなければならないときだ。例えてみれば、八百よろずの神々が高天原《たかまがはら》に集って、国を生んでいるようなありさまなのだ。だから君も一柱《はしら》の神様になって、新しい日本建設に一肌ぬいでくれたまえ。」

「慶喜公を思う情誼は奥ゆかしいが、ここで君が仕官を固辞すれば、慶喜公が新政府にたてついて、故意に旧臣をよこさないようにとられてしまう。それは公のためにもよくないことだ。」

弁舌にかけては大隈の方が一枚上手で、結局渋沢を説き伏せてしまった。静岡の常平倉は、明治四年に自然消滅となっている。

渋沢任官

このときの経緯を大隈重信の思い出話から見てみよう。

「渋沢は、旧幕臣で新政府にはつとめないといっていた。郷純造（郷誠之助の父）が、洋行帰りの渋沢を推薦してきたので、呼び出して出仕を説得した。私は、八百よろずの神々が寄り合って新日本を作るのだから、君も一つ神様になってくれ、と言って遂に承諾させた。ところが旧幕臣を重用したというので、省内で反対、不平があった。あんな壮士みたいな旧幕臣を我々の上に抜擢するのは何事だ、といってストライキも辞さない見幕で、談判にきた。」という旨を大隈は語っている。

ところが渋沢の広範囲にわたる超人的な仕事ぶりに、みなが驚嘆して、不平不満は収まったという。渋沢は、出勤してみてみなが働かないことに驚いた。朝からタバコを吸ったりお茶を飲んだりしながら、自分の手柄話などをしている。そこで大隈に進言して、省内に改正掛という部署を新設してもらう。一切の事務を調査研究して法制化する部署で、渋沢は改正掛長を兼務した。一年後には、民部省は大蔵省となり、大蔵卿には大久保利通、大輔には井上馨がつく。渋沢栄一は、大丞（課長）から少輔事務取扱（局長心得）に進んだ。

その頃少輔の伊藤博文が米国へ長期出張して、会計事務を調査して洋式簿記を持ち帰った。

旧来の大福帳と比べて合理的であり、正確で整然たるものだった。これを井上、渋沢らが採用することとした。金銭の出納に伝票を使うので、馴れない役人たちが記帳のつけ間違いをしばしばする。渋沢がそれをチェックする。あるとき、出納寮から得能良介出納正がやってきて、渋沢に文句をいう。「貴公は西洋かぶれして、伝票などという小うるさいものを書かせるが、何のためだ。従来の記帳で結構じゃないか。」

渋沢は、「いや、それは慣れないからだ。少し辛抱すれば何でもなくなる。」

「馬鹿な、あんな七面倒なことをやらすから、間違いのおこるのは当然だ。」

「これは驚き入った。伝票の記入一つできないで、よくも出納正がつとまりますな。」

得能は、激高して渋沢をつきとばした。

この事件は表面化して、上役を下役がつきとばすとは何事だ、ということになり、得能には「出納正を免ず」という辞令が出された。但し、「御用これあり滞京すべし」という待命の情状酌量がついており、後日得能は役職に復帰することができた。渋沢はかえって気の毒に思っていたが、この話には後日談がある。

後年（明治六年）渋沢が第一国立銀行を創立してその頭取になってからだが、第一国立銀行が兌換券を発行していたところ、金相場が高くなると預金者や商工業者などは銀行紙幣を金貨と交換してゆく。これでは銀行の存立も危うくなる。渋沢は、大蔵省の紙幣寮へ行って陳情することにした。行ってみると紙幣頭は、例の得能良介だった。面会すると、得能は懐かしそうに迎えて、虚心坦懐に陳情を聞いてくれた。渋沢は、兌換は政府紙幣に限ることにして、第一国立銀行の紙幣は金貨に引き換えることを禁止してほしい、と説得した。得能は、今すぐは無理だが、将来必ず改正する、と答え、後日その通りになった。

渋沢は彼の公平な態度に敬服して、それ以来親しい交際をつづけた。渋沢も得能も、お互いの能力と誠実さを認め合った結果だった。

大久保利通との葛藤

あるとき、大久保利通大蔵卿が渋沢を部屋に呼び、陸軍予算八〇〇万円、海軍予算二五〇万円にしたいが、渋沢はどう思うか、と聞く。渋沢少輔（今の主計局長に相当）は、国家の予算は歳入の見込みが立ってから歳出を算定するのが健全であるのに、いきなり軍事費を天引するのは乱暴ではないか、と答える。大久保は、「では渋沢は陸海軍がどうなっても構わんというのか」、とたたみかける。すでに大久保は、旧士族の不満を背景にした西郷隆盛（参議、陸軍大将）と将来たたかうこととなると予想して、軍事費の早期の確保を命じたものであろう。渋沢は、「一国の軍備が重要なことは判っていますが、いきなり巨額の陸海軍経費を先に決定することは、財政上危険。決裁権は大蔵卿にあるので、お考えどおりにすればよい。」と言ってさっさと部屋を出てしまう。井上大輔の所へ行き辞意を表明する。
「私は、大久保さんのご機嫌をとってゆくことはできません。貴方も私も大久保さんに嫌われています。財政経済のことを何もわかっていない人たち（大久保派の安場、谷）が、われわれの仕事のじゃまをするのです。働く意義のない場所でムダ骨を折るのは、ごめんこうむります。」

という。大久保大蔵卿とは、このときから倶に天を戴かずという関係になった。

井上からは、大久保、岩倉らは外遊組として近く欧州視察に旅立つので、留守中は自分が全責任をもつ、やめるときは俺も一緒にやめるから、と慰留され思いとどまる。

しかし、その後も西郷隆盛参議や司法省、文部省などから予算増額要求がきびしく、渋沢少輔は井上大輔とともに辞職する。そして新聞に政府に対する建白書を発表。「国家の財政は、入るを量って出ずるを制すべきだ。」と主張する。

建白書では、太政官政府は、歳出を先に決めて歳入を無視しており、財政の原則の逆を行っている、と激しく政府を批判した。この渋沢らの建白は、今日でも意味のあるもので、巨額の赤字国債を抱える政府当局や、予算増額に動く政治家は猛省する必要があろう。この井上、渋沢の批判に対し、太政官政府は本来なら四〇日の禁錮刑に処すべきところ、二名に対して特命を以て贖罪金《しょくざい》三円（三〇万円位か）を申しつける、という臨時裁判所申渡を公表している。井上、渋沢の言い分に道理があったことを認めざるを得なかったのだろう。

第一国立銀行を設立

さて、ここからが幸運である。渋沢が在職中に制定していた銀行条例に基づいて、第一国立銀行を設立し、政府の認可をうける。資本金は三〇〇万円で、発起人の三井と小野組とが各一〇〇万円、残りの一〇〇万円を一般公募とした。頭取、副頭取、支配人を、三井と小野組とが一名ずつ出して、渋沢はその上に立つ総監役となる。しかし頭取が二名いるのではやりにくいというので、これを一名に絞って最高責任者とし、渋沢が頭取に就任。渋沢が欧州で学んできた銀行の知識が役に立った。

第一国立銀行設立にあたって、まず銀行とはどういうものかを国民大衆に知ってもらわなければならない。その広告文には、

「夫れ銀行はなほ洪河の如し。日雇い人夫やお婆さんの懐にひそんでいたり、巨商や豪農の倉の中にあるお金が、流れ道に従って集まり多額の資金となる。これを銀行が貿易、産業、工業、学術、道路建設などに融資すると、国の状態は趣きをかへる。」という趣旨のアピールがしてあった。

また、当時の銀行業務の心得として、銀行業者は、(1)丁寧にして、しかも遅滞なく事務をとることに注意すべし。

(2)政治の有様を詳細に知って、しかも政治に立ち入るべからず。
(3)その貸し付けたる資金の使途を知る明識あるべし。
(4)貸し付けを謝絶して、しかも相手方をして憤激せしめざる親切と雅量を持つべし。（イングランド銀行重役ギルバートの銀行業者の心得四ヶ条）

これらは渋沢ら銀行の幹部が重用した金言であるが、このうち最後の項目などは、後年「貸すも親切、貸さぬも親切」（小原鉄五郎全信連会長の言）というフレーズの基となったものであろう。

ところで、渋沢栄一が大蔵少輔という官職をすてて、実業界に移ることに対しては、何を好んで商工業者に転身するのか、彼は金儲けがしたいのか、という批判や忠告が相次いだ。友人や先輩は、折角名誉ある地位についたのに、辛抱しきれずに官界を去るのはもったいない、と心配してくれた。

渋沢はこうした退官をいましめる忠告に対して、次のように答えている。

「御忠告はかたじけないが、いささか信ずるところがあるので、思ったとおりにしたい。私に能力があると認めてくれることには感謝するが、もしそうならなおさら官界を去る必要があると思う。人材がみな官界に集まり、才能のない者ばかりが商工業にたずさわるとすれば、どうして一国の健全な発達が望めようか。実をいうと、官吏は凡庸な者でも勤まるが、商工業者は相当才腕がある者でないと勤まらない。今日の商工業者には実力ある者が少ない。

士農工商という階級思想の名残りで、政府の役人たることは光栄に思うが、商工業者たることに恥辱を感じる、この誤った考えを一掃することが急務だ。何よりもまず商工業者の実力を養い、その地位と品位を向上させることが第一である。彼らを社会の上層に位させて、徳義を具現するものは商工業者だ、という域にまでもってゆかなければならないと信じる。」

「この大目的のために精進するのは男子の本懐である。私は商工業に関する経験はないが、『論語』一巻を処世の指針とし、これによって商工業者の発達をはかってゆこうと思う。民間に品位ある知行合一の業者が輩出して、経営の任に当たるようにならなければいけない。こんな意味で官を辞したのだから、どうかこの志を貫徹させていただきたい。」

西郷隆盛との交流

第四の幸運は、多くの人々との交流により友人知己を得たことである。維新前には、京都相国寺に陣取る西郷隆盛に、藩命によって内偵を目的として何度も面会し、天下国家の情勢を語り合って、飯どきにはいつも豚鍋をご馳走になった。西郷は、先年の大河ドラマ（西郷《せ ご》どん）にえがかれたような軟弱な人物ではなく、その「南洲手抄一〇一か条」（佐藤一斎の言志四録から気に入った条文一〇一か条を選んだもの）にみられる如く、天命のもとに生き、かつ、死ぬる覚悟をもち、私心私欲なく、義、仁、恕の精神を重んずる大人物であり、西郷に接した人誰からも尊敬され愛される人柄だった。

西郷のいう天命とは、佐藤一斎の言志四録からきていることは明らかであるが、それでは儒教でいう「天」とは何か。渋沢は、それはキリスト教でいう造物主にあたるものだ、という。仏教でいえばおしゃか様であろうか。

孔子は、「天」について次のようにいっている。「五十にして天命を知る」これは有名な言葉。「天を怨みず、人をとがめず、下学して上達す。われを知る者、それ天か」

さらに次のような天に関する言葉もある。「天何をか言わんや、四時行われ、百物生ず、天何をか言わんや」「天、徳を予に生ず、かんたい（桓魋）それ予を如何せん」

天は、公正無私にして絶大無辺の力を持つもので、人はその命ずるままを行うものと観念して、孔子は自ら天命に従うたのであった、と渋沢は結論づけている。

話を元に戻すと、渋沢は、西郷の天下国家についてのコメントや、「一橋慶喜公は腰が弱い。」といった辛口《からくち》の評価も、主君の慶喜につつみかくさず報告した。これは、のちに明治維新に際して、江戸城の無血開城や、慶喜の処遇（官軍側は処刑を主張、勝海舟は静岡へのちっ居におさめる）に関する西郷と勝との談判につながるものだった。なお、渋沢は、江戸で勝海舟にも面会して、欧州の模様や各国の経済軍事などを話している。勝は、渋沢に維新前後の政治情勢をくわしく語ったのち、「君の留守中にこんなことになった。これも平素の油断からだ。要路の者はよく考えなければならん。」と語った。しかし渋沢は、慶喜公を静岡の宝台寺に押し込めることで妥協した勝を、やむをえなかったとはいえ心情的に許す気にはなれなかった。ただ、勝と西郷とは、肝胆相照らす仲だったことは間違いない。

他方、渋沢栄一が、西郷隆盛に心服していたことは、公けの記録はないものの、西郷南洲の「言志四録手抄一〇一か条」によく似た「渋沢百訓」（青淵老人著＝栄一のペンネーム）という題の本を著わしていることからも推測されよう。

明治維新後も、渋沢栄一は要路の人物と交流している。例えば、大隈重信、伊藤博文、井上馨、西郷従道そのほか歴代の総理大臣や大蔵大臣、農商務大臣などの知己を得て、交友を深めたり経済産業問題の議論をしたり、各種の会合等への出席を依頼したりしている。

特記すべきは、明治四二年の商工会議所グループの訪米に際して、明治天皇による歓送会をしていただいたことだ。また、昭和天皇とは、さしで食事会（昭和四年、これを単独賜餐《しさん》という）を開いていただいたが、これも栄一にとっては青天のへきれきであった。その中で世界平和のための意見を述べる機会があった。渋沢は、

「一国敗亡の素因は、外敵よりも国内にあり」（中国の古言）

と言上している。

渋沢の予言は、はからずもその後、満州事変や日中戦争、太平洋戦争と泥沼化して、ついに昭和二〇年八月一五日の敗戦（ポツダム宣言の受諾）に終ったことを考えると、まことに適切

な助言であった、といえるだろう。

米国大統領との交流

海外の著名人との交流としては、米国の歴代大統領に招かれて、時には食事をともにしながら、世界の平和を願って意見交換をしている。

第二六代大統領のセオドア・テディ・ルーズベルトには、明治三五年六月にホワイト・ハウスで面会している。ルーズベルトは二年前の清国での義和団事件における日本軍の秩序ある厳正な行動に敬服すると述べた。東京商工会議所会頭の渋沢は、「日本の軍隊をほめていただいたことはうれしいが、実業家の自分としては、日本の商工業が劣っているように受けとられて、いささか物足りなく思う。これから一層努力して、次におめにかかるときには商工業もほめていただけるように努力したい。」と応答した。それから一三年後に、渋沢が三度目に渡米したとき、ルーズベルトは大統領ではなくなっていたが、渋沢をニューヨーク郊外の自宅に招待して午餐会を開いてくれ、その席上、「今日は私も日本の商工業を大いにほめますよ。」と言ってくれた。

タフト第二七代大統領は親日家で、明治四二年に日本の実業団の団長として渡米した渋沢をミネアポリスで迎え、接見と午餐会に招待している。栄一は、アメリカ人が進取的、合理的、実際的で、学問を尊重することに感服するとともに、広大無辺ともいえるアメリカの国富に改めて驚嘆している。

第二八代ウィルソン大統領は、大正四年に渋沢が三度目に渡米したとき、ワシントンで会見することができた。ウィルソンは、国際連盟の創設を提唱したにもかかわらず、アメリカ議会のモンロー主義にはばまれて、自国は国際連盟に加盟できなかったという悲運の人。大統領は、渋沢が日米親善のためにたびたび訪米していることに感謝して、「旅人の足跡は、国境を踏みならす」という諺を引用してねぎらったのに対し、渋沢は当意即妙に、「私の足跡で国境を踏み消したく思います。」と応えている。両者の親善友好と平和に対する想いが、にじみ出ていることがわかる。

ハーディング第二九代大統領は、大正一〇（一九二一）年にワシントンで軍縮会議を開催した。第一次大戦後海軍力の増強に奔走する各国に、軍縮のタガをはめようとしたものだ。アメリカのほか、イギリス、フランス、イタリア、日本、中国、ベルギー、オランダ、ポルトガルが参加したが、ドイツやロシア（ソ連）は招かれていない。

日本政府は、主席全権加藤友三郎、徳川家達、幣原喜重郎らを派遣して、アメリカ「一〇」に対し、日本「七」を比率として収める対処方針だった。日本の軍部や右翼は、それでは日本の国防を危うくするとして、猛反対をして軍縮条約をつぶそうとしていた。

加藤高明首相は、軍部の要求を抑えて、米国対日本の軍艦の比率を「一〇」対「七」にするため、アメリカ側の譲歩を求め、渋沢の民間外交に内心期待していたフシがある。もちろんアメリカは、経済力、人口、国土面積などからみて、日本の要求は過大だと考え、「五」または「六」に抑え込みたい、としていた。渋沢は、このワシントン軍縮会議が決裂しては、日本のためにも世界のためにもならないと考え、アメリカの友人知己と懇談しては、軍縮会議の成功をはかった。そして軍艦の比率は、「一〇」対「七」で妥結した。

後日のことだが、ワシントン会議に出ていた加藤寛治（のち海軍大将に栄進）が、渋沢の四男秀雄に向かって、「ワシントン会議のときには、君のおやじさんがアメリカの有力者にいろいろ工作をするので、邪魔で仕方なかったよ。」と責めている。これをみると、軍部の軍縮条約つぶしに対して、渋沢の根まわしの効果がいかに大きなものだったかがわかる。

日本への帰路、サンフランシスコで催された送別会の席上で、渋沢は「必要なら私は何度でもアメリカに参ります。ただしもうご覧のとおりの老人（八三歳）ですから、そのときは棺桶を用意して来ます。」と、ジョークを交えたスピーチを行った。地元紙のサンフランシスコ・クロニクル紙が、これを「平和の伝道師」としてたたえると、同じホテルに泊っていたアメリカ婦人が尋ねてきて、「今朝のクロニクル紙を読んで、私は感激の涙にむせびました。女性の身でも、これからは渋沢さんのご教示に従って、日米親善に尽さなければならない、と決心しました。ついてはその記念として、私の秘蔵しておりますこの鍵を渋沢さんにさしあげたいと存じます。鍵そのものは粗末ですが、私にとっては特別な鍵なので、ぜひその心を汲んでお受けとり下さい。」と述べた。

社会公共事業への支援

ところで、渋沢栄一は民間産業の支援だけでなく、社会事業、教育事業、国際親善事業にも多くの支援を行っている。一例をあげれば、東京商工会議所、択善会（東京銀行協会）、東京銀行集会所、銀行倶楽部、東京手形交換所、日本実業協会、実業家道徳会、東京養育院、孔子祭典会、帝国劇場、帝国女優養成所、日本結核予防協会、日本盲人福祉協会、癩予防協会、東京慈恵会など。

教育関係では、日本女子教育奨励会、東京高等商業学校（一橋大学）、早稲田大学、同志社大学、日本女子大学、二松学舎、高千穂学校、大倉商業学校、専修学校、東京女学館、日仏会館、日本女子高等商業学校、理科学研究所など。今でも存続、発展しているものが沢山ある。

国際親善事業と社会貢献

国際親善事業では、国際平和議会日本支部、ニューヨーク日本協会協賛会、日米同志会、日米関係委員会、日米親善人形歓迎会、日米協会、国際連盟協会、日華実業協会、協調会など。これらを合せると、全部で六〇〇件に達する。なお、日本と中国との友好協調を願って、中国にも渡航（大正三年）しているが、途中で体調を崩して発熱、要路の人物にも会えず、また念願だった曲岐の孔子廟にも行けなかった。中国との経済上の共存共栄や隣人愛の願いは、ついに夢に終ってしまった。

このようにあまたの公職や名誉職をひきうけていたにもかかわらず、信じがたいことに、癌で死去する昭和六年の時点においても、新たに癩予防協会会頭と日本女子大学校の校長に就任していることだ。前者は、栄一の母親が癩患者の背中を流してやったという幼少の頃の記憶がよみがえったのかもしれないし、後者は女子教育に強い熱意を抱いていたことの現れともみられよう。いずれにしても、数え年九二歳で死を迎える直前でも、依頼してくる者があるとともに、それを引き受ける気力や責任感があった、ということに感嘆するばかりだ。

これらに対する寄付を決めるときは、家族や親類からなる同族会の承認が必要だった。その場で栄一は、

「いつもみんなに倹約をすすめておきながら、私の道楽を許してもらわなくてはならない。どんな利巧な人でも、社会があるから成功することができるのだ。だから成功したら社会に恩返しをするのが当然だ。」

と述べている。

また、渋沢は自分の寄付額が決まると、財界や政界の友人たちにも寄付をするよう説得するのが常だった。かつて「八重の桜」という大河ドラマが放送されたが、その中で同志社大学の設立のために新島襄が、財界政界のそうそうたるメンバーを渋沢に集めてもらい、大学設立のために熱弁をふるうのだが、その直後出席者たちが次々と立ち上って、私は二万円寄付します、私は一万円、と寄付金が集った。随分と簡単に大金を出すなぁ、とお思いになった視聴者もおられただろうが、実は裏ではすでに渋沢が根まわしをして、寄付額が内定されていたのだ。

あるとき、服部時計店の服部金太郎と博文館の大橋新太郎、それに第一生命の矢野恒太らが将棋をさしていたところへ、渋沢栄一が入ってきて、「やあ君たち、外国の研究によると、人間は百七歳まで生きることが可能だ、というニュースだよ。」というと、これを聞いた将棋中の二人がとび上った。

彼らは将棋盤をひっくり返して、「えっ、渋沢さんがそんなに生きるとすると大変なことだ。この先どれだけ寄付をさせられるかわからないぞ。」と叫んだ、という。渋沢の一面がのぞかれるエピソードだ。

明治随一の思想家で西洋の学問や文物の輸入に努めた福沢諭吉についても、渋沢は言及している。福沢諭吉が、日本の近代化のために独立自尊の精神をもち込んだことは、その手段としては善かったに相違ないが、西洋の個人主義、自由思想を紹介しただけでは、自分はあきたらず、さらに進んで今日の独立自営の精神は、現実に実行に移されるべき段階にきている、という旨を述べている。

実際には福沢も自説が実行されることを期待して、慶応義塾の弟子で丸善の創業者である早矢仕《はやし》有的（美濃岩村藩出身の医師）と協力して株式会社（丸善や銀行、書店、薬店など）をつくったり、西洋の書籍、医薬、医療器具などの輸入販売や金融保険業を営む事業を実行しているのだが、西南の役（明治一〇年）が終息したあとのインフレと不況や、明治一四年の政変（伊藤、山県たちが、民権の主張を強める大隈重信と改進党を追放）などのため、必ずしもうまくゆかなかった。なお、渋沢は、先に述べたように伊藤の政友会にも近づかなかったが、大隈の改進党にも無論入らなかった。それは、大蔵省をやめるときに大隈が頼りにならなかったことにもよるが、銀行家の心得に掲げられているように、政治の動きはフォローすべきだが、政治に介入することは避けるべし、という訓戒を拳拳服膺していたことにもよるであろう。

さて、渋沢は人間にとって重要な「志」というものをどう考えていたか。まず「立志」とは、人生という建築の骨子である、という。渋沢自身の立志については、武士が威張るのが癪にさわり、同じ人間として生れてきたからには、何がなんでも武士になるべきだ、百姓町人として一生を終わるのはいかにも情けない、と感じた。封建的な士農工商という階級制度を、何とか打破できないかと考え、郷里を離れて四方に放浪することになった。この志は、青年期においてゆれ動いたが、最後には実業界において身を立てようと志を固めたのが、ようやく四五歳の頃のことで、この時が自分の真の立志であった。孔子は「十有五にして学に志し、三十にして立ち、四十にして惑わず、五十にして天命を知る」と述べている。

孔子の学問に志すという若い頃の志は、いく分動揺があったものの、三〇歳位で決心の程がみえ、四〇歳に及んで初めて確固たる立志が完成されたようにみられる、と記している。

人生における真の成功

渋沢栄一は、人生における「成功」をどのようにみているか。世人は、着手した事業が都合よく運び、それが利益を生んで、自分が富豪となるといったことを指して、成功というらしい。世間でいう成功とは、富と位と事業の成就ばかりを指しているが、自分はそのほかの成功もあるのではないかと思う。成功ということを議論するときは、その人物が運営した事柄について、その理由や順序をつぶさに観察すべきであろう。真の成功は、正義を失わず道理に欠けずに得られたものでなければならない、と信じていた。

くり返して丁寧に言えば、富を得るに至ったところの方法、あるいは官途に地位を得るに至った経路が、道理に欠けることなく正義を失うことなく、穏当なる所作によって発達進行したものとすれば、それが真の成功であろう、と渋沢は言う。そして結果のみに拘泥するのは誤りであり、そのような評価は不公平きわまりない、といわねばならない。

渋沢は、世の中の成功論者に警告している。「人たるの務めに背く勿れ」また「成敗をもって英雄を論ずる勿れ」。世間は、悪人でなければ成功はしない、今の世は悪人栄えて善人亡ぶ、というのが現実だ、という。しかし彼は、天道はいつも正義に与するものである、と確信する。具体的な例をあげると、藤原時平によって太宰府へ左遷された菅原道真は失敗者で、時平は成功者だったのか。今日では、藤原時平は無価値の人物であり、菅公は学問の守護神となっている。真の成功者は、菅原道真であろう、という。

もう一例をあげれば、楠正成と足利尊氏である。楠正成は、後醍醐天皇の君徳の足らないことを知りつつも、君臣の分を守り初念をつらぬいたことで、その忠節心はあきらかで、忠信義士の鑑とされている。湊川の戦いで尊氏に敗れた正成は、弟正季と刺し違えて死んだが、今では神社（湊川神社）がつくられ尊敬されている。一方、足利尊氏は、北条時行などの乱を平定するという口実で、後醍醐天皇に反旗を翻したため、日本史における逆賊の代表とされている。明治維新においても、将軍慶喜はその歴史的教養によって、天皇に刃向かう足利尊氏にはなりたくない、として鳥羽伏見の戦いが優勢であったにもかかわらず、大坂城から軍艦で脱出している。後年明治天皇は、隠居した慶喜を食事に呼んで、維新のときはありがとうと言っておられる。

　このように当座は足利尊氏が成功者とみられたかもしれないが、真の成功者は楠正成であることに間違いはない、という。

　渋沢は逆境の克服に関する心得を説いている。まず、孟子は「王、歳を罪することなくんば、ここに天下の民至らん」という。その意味は、王は政治の悪いことを言わず、歳の悪いことに罪を帰しているのは、自ら逆境をつくりながらその罪を天に問わんとしている。世人の多くは、自分の知能や勤勉をかえりみずに、あたかも外部の理由で逆境が来たように考えるが、それは間違いだ、ということである。

「余は、最初尊皇討幕、攘夷鎖港を論じて、東西に奔走しておったものであったが、のちには一橋家の家来となり、幕府の臣下となり、それより民部公子（昭武公）に随行して仏国に渡航したのであるが、帰朝してみれば幕府は亡びて、世は王政に変っておった。この間の変化のごとき、あるいは自分に智能の足らぬことはあったであろうが、勉強の点については自分の力一杯にやったつもりで、不足はなかったと思う。」

「しかしながら、社会の遷転、政体の革新に遇うては、これを如何ともする能わず、余は実に逆境の人となってしまったのである。（中略）当時困難した人は、余一人だけでなく、相当の人才中に余と境遇を同じゅうした者は沢山あったに相違ないが、かくのごときは、畢竟《ひっきょう》大変化に際して免れ難い結果であろう。ただし、こんな大波瀾は少ないとしても、時代の推移につれて常に人生に小波瀾あることはやむをえない。」

その上で、逆境には、必然的逆境と人為的逆境とがあるとし、必然的逆境については、第一にそういう場合を自分の本分である、と覚悟するのが唯一の策だ、とする。この場合はそれを受け容れてその中で生きる努力をするほかないのだろう。また、人為的逆境については、そういう逆境を招くのは、多くは他動的ではなく、自動的であることが多い、自ら省みて悪い点を改めるほかない、また、その逆境が天命であると自覚したなら、そのことに対処して万全の道理を尽くすというよりほか、逆境に対処する道はあるまい、と述べている。

なお、銀行員、会社員として必要な素養についても触れている。上級の事業家の要素は、比較的高尚な学問、技芸の素養が必要。下級の事業家は、常識に富み、法律や外国語の素養が必要。そして具体的には、⑴簿記に熟練、⑵算術に熟達、⑶文筆の才、⑷字体の明確、が求められる。精神的資格としては、⑴実直、⑵勤勉精励、⑶着実、⑷活溌、⑸温良、⑹規律、⑺耐忍力、の七つをあげている。これらは今日の就活中の学生などにもあてはまるかもしれない。

金融業への思い入れ

渋沢栄一の本業である金融業務については、貯蓄ないし貯蓄機関としての観点から、意見を述べている。日本人はこれまで貯蓄心が薄かったが、貯蓄の重要性にかんがみ、国民を自主的に貯蓄する方向に仕向けなければならない。そのためには完全な貯蓄機関を設け、設備を十分にして人心が貯蓄の方向にむかうのに備える必要がある。

貯蓄奨励のための専決問題は、(1)貯蓄機関を完全なものとする、(2)しかも強固なものとする、(3)設備を十分に設ける、ことである。これらは、人として自分の財産を安心と便利さとをもって、他人に委託することができると信じさせるから、いきおい貯蓄の念を起こさせる動機になるであろう。貯蓄のようなものをとり扱う機関としては、営利のみを目的として事業をやるのが、そもそも心得違いではあるまいか。公益性の高い貯蓄事業については、一銀行の利益を重んずるよりも、公衆の安寧を確保することが重要である。したがって、政府としては取締りをもう少し厳重にして、銀行の基礎を安固にして信用を高め、貯蓄者をして安んじて自己の財産を一任することができるようにすべきであろう。このことは、貯蓄者の利益になるだけでなく、明らかに貯蓄奨励の一方法たるに相違ない、と断じている。

また、貯蓄を郵便貯金に一任することは、甚だ不得策である、と断定するとともに、「吾人は、民間に完全無欠の貯蓄機関を設け、大いに国民の貯蓄を奨励するとともに、一面においては零細なる民間の資金を集めて、これを有利なる民間事業に投ずるという策を講じなくてはならない。」と信ずる。また、

「余は現に貯蓄銀行の経営に任じておる者であるが、遠慮なく余が所見を述べれば、いまだなお斯界の内部において、大いに革正を要すべきことがいくらもある。適宜の方法の下にそれらの改善を断行し、国民をして安んじて貯蓄し得る機関を拵えてやるのは、必ずしも余一人のみの希望ではあるまい。」と述べている。

　渋沢栄一の鋭い見解は、金融機関の原始的な情況のもとにおいても、十分にその問題点を指摘している。その後の金融恐慌や戦後の金融制度改革、さらには最近の金融国際化のもとにおける金融再編成の大波を経た今日においても、貯蓄奨励、預金者の信頼とその保護、金融機関経営の透明性など、数々の課題が残されており、渋沢栄一の指摘は、今日的課題でもある。もちろん預金保険制度や預金保険機構による資本注入や合併転換法による救済合併など、数段の政策措置がとられてはいるが、リーマン・ブラザーズ事件などをみると、さらに改善の余地があるのではなかろうか。

　また、近年は、株式相場や仮想通貨（ビットコインなど）などに資金が片寄る風潮があるが、かかる金融至上主義的な資本主義は、渋沢栄一の理想からは遠いものといわざるをえないであろう。

「天命」とは何か

さて、渋沢にとって「天命」とは何であるか。多少の重複を覚悟して再録すると、「天」とはいわば造物主のようなものであり、公正無私にして絶大無辺の力をもつもので、人はその命ずるままを行うべきものと観念する。孔子は「天もの言わず、四時行なわれ、百物を生ず、天何をか言わんや」という。「天命」とは天の命令であり、五〇にして天命を知る、といわれる。なお、革命とは天の命令がかわることを指す。天命に安んずるとは、仏教でいう涅槃《ねはん》の境地である。

ここで、渋沢が銀行協会で行った有名な「米櫃論《こめびつろん》」演説をとりあげてみよう。渋沢の人生観が如実にあらわされている。

まず、硯と墨と筆の任務について話している（因みに、この三つに紙を加えたものが、文具四宝といわれる）。

「硯と筆、墨とは、けだし気類なり、出所相近く、任用、寵遇も相近きなり、独り寿夭《じゅよう》のみは相近からざるなり。筆の寿は日をもって計《かぞ》え、墨の寿は月をもって計《かぞ》え、硯の寿は世をもって計《かぞ》う。其の故は何ぞや、其の体たるや、筆は最も鋭く、墨これに次ぎ、硯は鈍きものなり。あに鈍き者寿にして、鋭き者夭《よう》するにあらずや。

吾ここにおいて生を養うを得たり、鈍をもって体となし、静をもって用をなさんと。或る人曰く、寿夭《じゅよう》は数なり、鈍鋭、動静の制するところに非ず。たとえ、筆鋭からず動かざるも、吾その硯と久遠なることあたわざるを知るなり。しかりといえども、むしろ此をなし彼をなすこと勿れ。銘に曰く、鋭きことあたわず、因りて鈍をもって体となす、動くことあたわず、因りて静をもって用となす。惟其れ、然り、是をもって能く永年なり。」（古硯銘）。

これを要約すれば、硯は、筆や墨と比べて鈍くさくて、動かず静ひつで、地味であるが、その寿命は幾世代にわたって永いという特徴がある。人生も、できることならば硯のように鈍くても静かで地味な生き方がしたい、という渋沢の願望がみてとれる。そして彼の寿命も、現に九二歳という高齢まで生きて活動することができたのである。

続いて渋沢は、「商工業」というもののあり方を、米櫃になぞらえて演説している。

「商工業を、屋敷の中の道具に例えると、どういうものか。一国の文明においては、政治、外交、軍事、教育などが、まず何人の眼にも入りやすいが、商工業は、一番遅く眼に入るものである。地味なものだから、それはやむを得ないことである。」

「一家の道具のうちで、鍋、鉢、米櫃などの台所道具が客人の眼に入らないのと同じ理屈で、商工業の性格からしてそれは致し方ないことである。

しかし、その効用については、掛軸とか甲冑《かっちゅう》武具とか、書籍巻物、屏風襖ではなく、米櫃のような台所用品の効用が、最も重要であることを忘れてはならない。この点で米櫃は、前述の硯と相似ている。そしてこれこそが商工業の効用なのである。

余は、硯となり、米櫃となることにあまんじて、早くより商工業に志ざし、身を銀行業に投じた所以であるが、ここに安心立命を得て、全生涯を送るつもりである。」

地味な商工業の真の価値を強調するとともに、派手な官僚や政治家の世界と離れ、生涯を商工業、とくに銀行業に捧げた渋沢の志がみてとれる。この演説は、多大な感銘を与え、人々の心に深くしみ渡るものだった。満場の拍手がしばらく鳴りやまなかったという。

渋沢は、「商工業」について、その著においてさらに深く追求している。

「商工業を営むということは、自己のためにおこる行為に相違ないが、商工業という職分を自己一身のためのみと思うと、大いなる間違いである。道理より考えれば、一方（商工業者）は物品を生産し、一方（消費者）はその物品を消費する、この間に立って有無相通ずるの職分をまっとうするのが、商工業の目的である。この行為は互いに相寄り、相助けなければできぬことで、いかに己一身だけ孤立してやりたいとあせっても、それは何人にも不可能のことである。ゆえにいわく、商工業という働きは、一身のためであるが、その事柄は、一身の利欲のみにてはなし得られぬものだから、この職分を私することはできぬ。真の商工業を営むは、私利私欲ではなく、すなわち、公利公益であると思う。ある事業を行なって得た私の利益というものは、すなわち公の利益にもなり、また公の利益になることを行えば、それが一家の私利にもなる、ということが、真の商工業の本体である。

これから商工業に従事する人は、よろしくこの意義を誤解せず、公益となるべき私利を営んでもらいたい。これすべて一身一家の繁栄を来たすのみならず、同時に国家を富裕にし、社会を平和ならしむるに至る所以である。」

と述べている。

投機的事業には手を染めず

そして、「自分が事業家として世に出たのは明治六年で、第一銀行を創立したのがそもそもの皮切りであった。爾来随分沢山の事業に着手し、また多くの会社に関係したが、未だ真の投機的事業に名を連ねたことはない。」

「そして投機的事業に自ら手を下したり、やったこともないつもりである。如何なる考えをもって今日まですべての事業の経営に当たってきたかというと、常に国家的観念をもって経営してきたのである。自分の心中、国家を外にして事業を考えたことは一つもなかったのである。」

と結んでいる。これはまさに渋沢を渋沢たらしめた理念であり、彼の誇りであったといえよう。

そして、孔子の言葉「仁者は、己立たんと欲して人を立て、己達せんと欲して人を達す」、また、「明徳を明らかにするにあり、民を新たにするにあり、至善に止まるにあり」を引用している（「渋沢百訓」青淵《せいえん》老人著）。

病いに伏す

さて、数え年九二歳になった渋沢栄一は、癌におかされ病床に伏すが、本人の心境はすべて天命に任すということだったろう。腹部に腸閉塞をおこし苦しかったにもかかわらず、医者（内科入沢達吉、外科塩田広重）に病名を聞くこともなく、気分のよいときは大声で漢詩を詠んだりしていた。その漢詩は、たいがい唐の陶渊明（陶潜）の「田園ノ居ニ帰ル」（五首のうちのその一）だった。なお彼は、この五首をすべてそらんじていた。

少《わか》きより俗に適する韻無く
性《さが》　本《も》と邱山《きゅうざん》を愛す
誤って塵網《じんもう》の中に落ち
一去　三十年

羈鳥《きちょう》　旧林を恋ひ
池魚　故淵《こえん》を思ふ
荒を開く　南野の際《きは》
拙を守りて園田に帰る
方宅　十余畝《ほ》
草屋　八九間《けん》
楡柳《ゆりゅう》　後簷《こうえん》を蔭《おほ》ひ
桃李　堂前に羅《つら》なる
曖曖《あいあい》たり　遠人の村
依依《いい》たり　墟里《きょり》の煙
狗《いぬ》は吠ゆ　深巷の中
鶏《とり》は鳴く　桑樹の嶺《いただき》
戸庭　塵雑無く
虚室　余間有り
久しく樊籠《はんろう》の裏《うち》に在りしが
復《ま》た自然に返るを得たり

このほか第四首にある「人生は幻化に似たり、終《つい》に当《まさ》に空無に帰すべし」などは、渋沢のお気に入りの詩句だった。

若くして官を辞した渋沢栄一としては、陶渊明の詩句は心にひびいたであろう。そして今、重篤の身を病床に横たえたとき、脳裏に浮かぶのは、故郷血洗島村の田園風景であり、自分が亡くなったあとは、その自然の中に返るのだ、という安心立命の境地であったろう。

米寿の祝賀会

これよりさき渋沢が八八歳のとき、米寿祝賀会が催された。場所は帝国劇場で、隣りの東京会館で晩餐会が開かれた。発起人総代は、郷誠之助で、参会者総代が団琢磨、来賓総代が田中義一内閣総理大臣という豪華な顔ぶれだった。参会者は外国の大使、公使をはじめ、政界や経済界の一流人物ばかり約一〇〇〇人。中には東郷平八郎、高橋是清、犬養毅、浜口雄幸、若槻礼次郎、尾崎行雄、幣原喜重郎など。

帝劇で、バレエや船弁慶を見たあと、晩餐会に移り、田中総理の祝辞がのべられた。そのあとで答礼の挨拶に立った渋沢栄一は、

「感極まって申し上げる言葉をほとんど失うと申さざるをえません。

こんな老いぼれの祝宴に、総理大臣が臨席して懇篤な祝辞を述べて下さるということは、官民密着の証しであります。私が実業界の向上発達を念願して努力して参ったことは、決して誤りではなかったと思うのであります。

わが身を祝うてくださるありがたさよりは、国家のため誠に慶賀に堪えない次第でございます。」と述べた。

今日からみれば官民癒着（栄一の使った「官民密着」とは意味が異なる）だと批判されそうだが、当時としては大変な出来事であり、渋沢も喜びをかくせなかった。その時はさすがに、陶渊明の詠んだように「誤って塵網《じんもう》の中に落ち」たことも、政治家とはかたくなに一線を画してきたことも、一瞬忘れていたようだった。

病床の栄一

話を元に戻すと、病床に伏した渋沢栄一は四男の秀雄に本を読んでもらうのを一番の楽しみにしていた。これを「お読み上げ」と称していたが、それらの書物は、中里介山の「大菩薩峠」、直木三十五の「合戦」、岡本綺堂の「半七捕物帳」、夏目漱石の「吾輩は猫である」のほか、三代目柳家小さんの落語「寝床」「船徳」「花色木綿」などであった。そのどれにも面白がったり、感心したり、笑いころげたりするのだった。若い頃から書物に親しんできた渋沢は、晩年になってもこのお読み上げを楽しみとする好々爺となっていた。

渋沢栄一は、四男の秀雄のことを気に入っていたとみえて、自分の過去の心境や信条、経験などを秀雄に話している。その中で、いくつかを拾うと、⑴お金は働きのカスだ。機械が運転しているとカスが溜まるように、人間もよく働いていれば金が溜まる。

⑵会社の用事はわがものと思え、会社の金は人のものと思え。

⑶権利には必ず義務が伴う。義務を先にし、権利をあとにするようでなければ、決して人から信頼されない。

⑷私（渋沢栄一）が、もし一身一家の富むことばかり考えたら、三井や岩崎にも負けなかったろうよ。これは負け惜しみではないぞ、など。この最後のくだりは証拠だてられている。それは終戦後財閥解体のために接収に来た係官が、渋沢財閥はこれしかないのか、と驚いたという話がある。そして解体後、渋沢一族に返還された金額は、一人当たり一〇数万円に過ぎなかったという。

ところで、渋沢栄一は、四男秀雄の文学的才能には気づいていたが、秀雄が東京帝大の法科から文科に変わりたいと言い出したときには驚いた。涙ながらに、それだけはやめてくれ、と懇願している。「お前も押川春浪や村井弦斎になったところで始まらんじゃないか。どうか法科をつづけて、文学は趣味にしてくれないか。わしが頼むから、そうしてもらいたい。」と拝み倒している。

そして法科から文科への転科をあきらめたとき、渋沢から秀雄へあてて送った手紙が残っている（「渋沢栄一」。渋沢秀雄著）。

「一書申入れ候。然者過日申出られ候文科転学問題につき、真に憂慮いたし候処、幸に老父母の衷情《ちゅうじょう》を察せられ、快然翻意の挙に出られ候義者、この上なき次第と存じ候……」

いよいよ渋沢の最後を語らなければならない。病は直腸癌だった。手術して癌を摘出し、人工肛門をつけることとなった。渋沢は、「この年になって、そんな手術までして生きのびたくはない。」という。子供たちは「手術をすることは今日では常識であり、このまま放置しておくことのほうが不自然です。ぜひとも手術を受けてください。」といって説得した。手術はうまくいったものの、数日たつと肺炎をおこして、極度の食欲不振に陥った。まわりの者が食事をすすめると、「せっかく皆がそういうから、私も食べようと努力するのだが、どうにもノドを通らない。別に意地を張っているわけじゃないから、あしからず願いますよ。」などと言っている。まだ意識ははっきりしていた。そのうちにだんだんと昏睡と錯覚とがはじまる。意識がはっきりしたときには、陶渊明の「帰去来辞」（田園ノ居ニ帰ル）を暗誦する。

見舞客に郷誠之助や有力財界人が来ていると聞いて、次のようなメッセージを伝えるのだった。「市民として私は及ばずながら誠心誠意ご奉公してきました。今回は到底再起がむずかしいと思います。これは病気が悪いので私が悪いわけではありませんよ。たとえ死にましても、魂は皆さまのご事業を守護いたします。どうか邦家のためにご尽力ください。私を位牌にまつり上げ、他人行儀にしないようにお願いします。」

昭和六（一九三一）年一一月一一日、渋沢栄一は九二年にわたる生涯を閉じた。その死は普及しはじめたラジオで放送された。一四日には、昭和天皇から弔問の勅使がつかわされ、「御沙汰書」をたまわった。柩の前で喪主の渋沢敬三が、御沙汰書を読み上げる。

「高ク志シテ朝ニ立チ、遠ク慮リテ野ニ下リ、経済ニハ規画最モ先ンジ、社会ニハ施設極メテ多ク、教化ノ振興ニ資シ、国際ノ親善ニ務ム。畢生《ヒッセイ》公ニ奉シ、一貫誠ヲ推ス。洵《マコト》ニ経済界ノ泰斗ニシテ、朝野ノ重望ヲ負ヒ、実ニ社会人ノ儀型ニシテ、内外ノ具瞻《グセン》（仰ぎ見ること）ニ膺《アタ》レリ。遽《ニワ》カニ溘亡《コウボウ》ヲ聞ク。焉《イズクン》ソ軫悼《シントウ》ニ勝《タ》ヘン。宜《ヨロシ》ク使ヲ遣ハシテ賻《フ》ヲ賜ヒ、以テ弔慰スヘシ。右御沙汰アラセラル」

一一月一五日に青山斎場で葬儀が行なわれた。告別式場や沿道に参列した人々は、学校その他の諸団体を加えて四万人をこえた。これは、彼の人柄と、彼が愛した論語と算盤の力によるものであろう。因みに、山県有朋の葬儀には、一般国民は彼の本性を知っているためか、官や山県家が手配した数千人しか参列しなかったという。

とくに、通夜に際して一人の老人が庭に座して頭をたれているのがみつかり、事情を聞いてみると、自分は渋沢先生がつくって生涯院長をつとめられた東京養育院の卒業生であり、今は工場主になっているが、これも渋沢先生のおかげであり、庭先から先生のご冥福を祈っておりました、と語り、みなの涙をさそった。

アララギ派の短歌雑誌には、作者不詳ながら、

「資本主義を罪悪視する我なれど君が一代《ひとよ》は尊くおもほゆ」

という追悼の短歌が掲載された。

幸田露伴は、渋沢栄一伝の冒頭に次の通り記している。

「ただ渋沢栄一に至っては、実に其時代に生れて、其時代の風の中に育ち、其時代の水によって養はれ、其時代の食物と灝気《こうき》（広大の気）とを摂取して、そして自己の躯幹を造り、自己の精神をおほし立て、時代の要求するところのものを自己の要求とし、時代の作為せんとする事を自己の作為とし、求むるとも求めらるるとも無く、自然に時代の意気と希望とを自己の意気と希望として、長い歳月を克く勤め克く労したのである。故に渋沢栄一は、渋沢氏の家の一児として生れたのは事実ではあるが、それよりはむしろ時代の児として生れたといった方が宜いかとも思はれる。（中略）以下委細に記すところは、すべて皆これを是れ証するものである。」

渋沢栄一が時代の子であり、いかに幸運に恵まれていたにせよ、今後これほど敬愛される実業家、経営者は世に出ないのではなかろうか。

おわりに

この「青天の霹靂」の原稿は、正確を期すためもあって、知人の紹介により渋沢栄一の曽孫にあたる渋沢寿一氏に見ていただいた。寿一氏からは、「渋沢栄一のものの考え方が良くえがけている。それにしても資本主義とは商工業や物造りだったのに、今や株式投資や投機などの金融面に重点が移ってしまっている。果してそれでよいのでしょうか。」というコメントをいただいた。

この寿一氏のおたずねに対する答えを、筆者は知らない。投機的な金融資本主義がなりをひそめる時代は本当に来るのだろうか。

なにわの風雲児——巽悟朗《たつみごろう》ものがたり

はじめに

この小説の主人公の巽悟朗（文中「彼」とあるのは巽である）は、世界の証券市場を見据えて全力疾走し、六八年間と半年の比較的短い生涯を終えた。彼は、ほとんどの鉄火場で、ひとりでたたかった。それゆえに、誤解や敵視される場面が多かった。たとえば、日経225先物を世界一の商品に仕上げたのち、それを潰そうとする圧力に対しては、225の守護神として、獅子奮迅のたたかいをしている。彼に対する誤解を少しでもときほぐし、彼の真剣だけれどもある面ではユーモアがあり、豪放だった人生を探求した。

日経225先物の守護神だった巽悟朗の苦闘と成功。彼は、反東証、反中央集権と思われているが、それればかりではなく、広い視野で世界の証券市場を見据えていた。

三つ子の魂

巽悟朗は、一九三五年、大阪の久宝寺町で生れた。父は、弁護士資格を持ち、日本信託銀行の法律顧問をやっていた。そのため、資産運用、株式運用に通暁しており、自身も株券を保有していた。父が若くして急逝したとき、残された株券は三千〜四千万円分もあったので、母は、子供たちを京都の実家につれていって育て、学校にも上らせることができたのだった。

父の想い出で、大きなものはただ一つ。幼い彼を散歩につれ出して、堂島や北浜のあたりを歩くのだった。中央公会堂のクラシックな造りを眺めながら、その建設資金百万円をポンと出した岩本栄之助を語って、

「人間は、世のため人のために尽くすことが大事や。」

それとともに、

「ええか、大阪は、秀吉が死んでからこのかた、東京にやられっぱなしや。」

といって嘆くのだった。

こうした言葉の端々は、彼の耳について離れないのだった。よく、三つ子の魂百まで、というが、これは彼の一生を貫く哲学となっている。


公立の上京《かみきょう》中学校をでると、私立の同志社高等学校に入学した。昔岩倉具視が隠棲した岩倉の宝が池、ちょうど今の京都国際会館のとなりにある。

母が、受験勉強で押しひしがれず、のびのびと学生時代を過ごさせよう、と考えた末の選択。同志社は、新島襄が創立したが、封建的社会をキリスト教主義の教育でうちやぶり、知育・徳育・体育の三位一体で、のびのびとした教育を希求する精神。彼は、この新島精神に共感を覚

え、新島襄筆の掛軸を持ち歩いたり、襄の生誕地である群馬県安中まで墓参に行った。また、高校では空手部に入り、部活に熱中した。毎朝の礼拝には、他の生徒が、出席票を友だちに預けてさぼるのを横目に、真面目に毎朝皆勤するのだった。もっとも、その理由の一つは、のちにプロポーズする同級生の恵子が、聖歌隊の最前列で讃美歌をうたうのを見るため。

同期生の中には、ストレートで東大や京大に合格した者が一五人位いた。生徒会長だったが脳の病気で休学し、のちに京大に入り、京大助教授になって亡くなった浅沼万里も同期だった。こうしたがむしゃらな勉強には、彼は抵抗感をもった。しかし、逆に授業をつぶすために集団で騒ぐ落第生の仲間にも入らず、行動はいつも単独だった。落第生で騒ぐ生徒には、先生はチョークを投げて対抗し、うまく命中すれば生徒たちはやんやの喝采。チョークが足りなくなれば、黒板消しがとんでくる。先生の椅子に噛みかけのチューインガムを置くやつがいて、授業をひっかきまわす。英会話のノーウィック先生は、出欠簿で思い切り騒がしい生徒の頭を叩く。これは効果があった。彼は、英会話の時間が好きだったが、のちに欧米等に証券調査団の団長などとして赴いたとき、大変役立つのだった。

また、クラスの中には軽妙なジョークを得意とする者もいた。例えば、国語の時間に、島崎藤村の「夜明け前」を読むように先生からあてられると、やおら立ち上がり、「しまざき、ふじむら」とわざと発音する。クラス中がどっとわいて、それまでの喧噪が一ぺんに静粛になる。当時、阪神タイガースの四番打者だった藤村（ふじむら）にかこつけて、教室を静かにさせたのだ。このサービス精神の持主は、のちに京都同友会の会長をつとめた「吉忠」の吉田君だった。

要するに、この学年は総じて優秀な生徒が多く、また、女子には〝ミス着物〟とか、きれいな人が多かった。そして彼のように、運動部系の生活をエンジョイする生徒も多かった。彼らは彼らなりの腕白ぶりを発揮するのだ。例えば、新婚の教師の留守宅に入り込んで、ごはんを全部食べてしまう、といったことも。その教師、あだ名はカスミが、高校卒業したての教え子とすぐ結婚、ということで、いたずらは、やっかみ半分だった。先生たちには、それぞれあだ名がつけられていた。色の黒い先生は「ぬばたま」、そのほか「ボテ」、「カンちゃん」など。

同志社大学経済学部には、推薦で入学できた。大学では空手から一転して、アメリカン・フットボールに夢中になった。走りまわる爽快感が好きだったし、女子学生にも格好よくみえる。三年生のとき肋骨を三本折る怪我をしてからは、声の大きさを買われて、応援団長になった。当時は、左翼系の学生団体が学生部を牛耳っていた。運動部系は、右翼系とみられ、ことあるごとに左翼系と対立、反目していた。あるとき学生部の窓が叩き割られて、学生運動のパンフレットや書類がもちさらられるという事件が起こった。犯人は不明のままだったが、当然右翼の体育会系の者の仕業と思われた。こうした事件がくりかえし二度起こり、運動部は暴力的組織と認識されるようになった。

彼は、父の残してくれた資産と、それを運用して儲けた金で、学生らしからぬ遊びをやった。アメフット部の後輩をつれて、先斗町の料亭に上りこんで、徹底的に酒をのむ。床の間の掛軸をはずし、持参した新島襄の軸をかけて、気勢を上げる。かくして、学生時代は、勉学よりも遊びに忙しかった。

遊ぶ金は、父の遺産の株券。手っとり早く金を儲け、然るべき地位につき、恋人を妻にめとる。そのためには、普通の会社員や銀行員では駄目だ。ときあたかも高度成長期の入口にさしかかり、岩戸景気の最中、株式ブームで世の中がわいていた。

就職の相談に旧日興證券の先輩峰岸次郎を訪ねると、

「これからは、株式ですよ。就職するなら、証券会社にしなさい。」

と、当然のようにいわれ、自分の思っていた自由な資本主義社会の思想と合致。あとは迷いはなかった。

独立して会社を興すためには、大証券に就職したんでは、証券業務が部分的にしかわからない。証券の全体をつかまえるには、小証券にかぎる。そういう点まで考えた上で、彼は、先輩の紹介もあり、山源証券をえらんだ。従業員約一〇〇名、資本金三〇〇〇万円の山源では、全員高卒で大卒の者など彼が初めてだった。そういう中でこそ、彼の真骨頂が発揮され、また、将来、政財界の要人にも怖気づかない大物に育つための、自由でのびやかな環境が用意されたのだった。

結婚

何と甘美なことか。結婚して初夜を迎え、今までの想いのたけをぶつけて泡となってとびちる。美しい恋人を妻にしたのだ。豊かな胸とくびれた腰、可愛い顔。恵子は、高校二年生のときに京都の「ミス着物」に選ばれただけあって、スタイルが抜群によかった。天にも登る心地。体力の続く限り腕の中に抱きしめる。何回も何回も愛し合って、夜が白々と明けてくる。

二人とも大学を出てまだふた月も経っていない。大学二年生のとき、すでに婚約はすませていた。早すぎるという意見があっても、二人を押しとどめることは無理。もう就職もしたし、安定した収入もあるんだ。恵子との約束通りにしてきた。ところが恵子からは、もっと重要な約束を迫られた。彼の方は、惚れた弱みで、何でも受け容れる態勢だ。

妻として家庭内のことは、全権をもつ。そして、同志社高校と同志社女子大で、聖歌隊に入っていた恵子は、敬虔なクリスチャンだ。洗礼もうけている。彼も洗礼をうけて真のクリスチャンになって欲しい。彼は、恵子と結ばれるためには、そのくらいのことはお安いごようだ、と考えた。キリスト教徒になったからには、浮気は厳禁であり、また、離婚は絶対にしない、と約束しなければ駄目。恵子という甘いケーキを目の前にして、彼は即座にOK。

また、証券会社に就職したのは良いが、そのために親類、縁者に株を買わせたりして、迷惑をかけないこと。彼女としては、株は一切ノータッチで、将来彼が独立して会社を興しても、役員になったり、株を保有したりすることはしないこと。当時の世間一般では、まだ株の商売は、ダーティと考えられていた。

実は、恵子の父親は、兵庫トヨペットの社長をしていたので、ご祝儀で巽に華を持たせることぐらいできた。しかし、この点もＯＫしたからには、石にかじりついてでも、親類・縁者以外の財界人を顧客として獲得し、頑張らなければならない。

「よーし、今に見とれ。」

と、かえって闘志が湧くのだった。

学生時代、既に恵子の影響もあって、茶道に入っていた彼は、同志社大学二年先輩の千宗室に、直接師事していた。千宗室も、でかい声で、

「よう。似合いの夫婦だねぇ。」

と、二人の結婚を祝福してくれ、茶道上の名前（宗名）をつけてくれた。

巽は、宗悟。

恵子は、宗恵。

修業時代

同志社大学卒業後、彼は、中小証券の山源に入社した。父の遺してくれた株券で、家族がゆうゆうと生活できたことで、一般の人がもつ株アレルギーはまったく感じなかった。株式とは、むしろ有難いものという、感謝の念をもって、証券界へ参入する。

従業員わずか一〇〇名という小さな山源に入ったのは、先にも述べたように、株の動き、株の効能、どうすれば儲けられるか、しかも爆発的に、ということで、株屋の全てのやり方、手口、ノウハウを、短時日のうちに身につけたかったからである。思惑通りに営業にまわされたが、お客さんとの折衝だけでなく、市場との関係、バックオフィスとのやりとり、すべてが手にとるようにわかる。経済、政治、社会との関係で、どういう株が、何にどう反応するか、これこそ彼が最も修得したかった点だ。もちろん、株価の動きは、ほとんど空んじた。入社三カ月で、営業課長になった。

細かな売買をするお客さん（一部の証券マンは、これを乞食とかごみ、くずとかいうそうだ）は、労多くして効少なし。彼は、関西の一流企業の経営者をターゲットに定めた。

まず、松下電器（パナソニック）の松下幸之助氏。毎朝西宮の豪邸へ伺い、名刺を置いてくる。もちろん、女中さんにしか会えない。松下電器の販売会社でつくる親睦団体にも、コネを見つけて入らせてもらった。そのうち幸之助が毎朝抹茶をいただく、という情報を得た。

チャの道はヘビ、だ。茶は、巽の得意中の得意。朝早く京都の抹茶専門店に、ひき立ての抹茶を用意してもらい、タクシーで西宮の松下邸までかけつける。早朝の抹茶一服に間に合わせるには、暗いうちから行動を起こさねばならぬ。ひき立ての香りは、最高の朝を呼びよせる。しばらくお茶の贈物を続けるうちに、座敷に上らせてもらえるようになり、ついに、他の客と相席ながらも、幸之助の食事につき合わせてもらう。大変な厚遇だ。

幸之助は、昼飯を食べながら、キリンビールを一杯のんで、

「後は君が呑みたまえ。」

といって、ビールびんを彼の方へ押しやった。そして突然、

「君、それは今いくら位かね。」

と株価を尋ねる。

待ってましたとばかりに、巽は即答。

「では、五万株程買ってもらおうか。」

巽は天にも登る心地で、会社に帰る前に、山本源作社長と田中桂太郎先輩に電話で報告した。社長は、信じられない、という顔をしていたが、心の中では舌を巻いていた。田中の方は、

「このスケールのでかい男は、いつまでも当社に居る人ではないな。」

と腹の中でつぶやいた。

かつて東の野村證券に、市村というセールスマン（のちＫＯＢＥ証券、現ばんだい証券の会長）が居て、そのねばり腰は、『炎の証券マン』に値する男という伝説があったが、巽は、西の水都大阪にあって、まさに『炎の証券マン』であった。

この当時の営業マンは、顧客まわりで汗だくになる。巽は、折からの社内の模様がえに便乗して、営業マン用の風呂を四階に造るよう発注してしまう。会計課長が怒って、

「巽さん、予算がないのに、こんなことをしては、困ります。あきまへん。」

「何、たいしたことはない。この間のキリンビール五万株で十分おつりがくる。もっとでかい商いをするぞ。」

と彼は平然としている。

「営業マンは、きちんとした身なりで、汗も流しておかないと、夜の営業ができないさかいに。」

というが、彼自身は、やきとりやで酒をのみながら上司の悪口をいうといった夜の営業兼夜遊びは、余りしなかった。新婚の妻が待つ我家へ、汗だくのままで帰りたくなかったのだ。ただし、高級な客を高級な料亭に招くということは、やっていた。これも会計課を困らせたが。

松下電器が落ちれば、兄弟会社の三洋電機井植敏社長も、同志社大学の二年先輩ということで攻略。さらに寿屋（サントリー）の佐治敬三社長も陥落。次々と関西の重鎮を射落す。偉い人に臆することなくアタック。

「偉い人は、若いもんを大事にしてくれるよ。ぼくに会えば、元気をもらえるというプラスがあるから。」

と、あっけらかんとしていた。これぞ巽の真骨頂といえる。

また、あるときは車の運転免許をとったついでに、営業用の車を一台買ってきた。社長が驚いて、

「この辺じゃ、皆人力車だ。社長でも車は持っていないぞ。」

というと、

「社長が車を持っていない方が、おかしいいんです。」

といって、もう一台社長車を契約してきた。それだけの手数料収入をかせいでいる、という自信があったのだ。

ともあれ、修業のための三年間は、またたく間に過ぎてゆく。愛妻恵子のためにも、独立を急がねばならぬ。

証券界は「丼勘定」

この時期の証券業界の姿はどうであったか。

戦前は、東京の東株と、大阪の大株とは、戦争遂行のため、新たに設立された日証に一本化され（一九四三年）、大株は六六年間の歴史を閉じた。

敗戦後にGHQは直ちに取引所の再開を認めてくれたわけではない。世情の落ち着き、三〇〇パーセントを超えるハイパー・インフレーションの沈静化と、経済の重点分野の復興を待って、会員組織としての東証、大証、名証の設立が一九四九年に許された。

証券取引法は、これにさきだって一九四八年に公布・施行されていたが、その内容は、米国の証取法の翻訳といってもよいような、膨大な法律であった。

大証の正会員は七六社、仲立会員は一一社。そののちに信用取引制度の導入や、投資信託の発足など、証券機能の回復が進んだ。また、各地の証券金融会社を日証金、大証金、名証金の三社に統合し、大阪に証券代行会社が設立された。証券会社は、登録制で、犯罪歴のある者や、禁治産者などを除いて、誰でも登録さえすれば、証券会社を設立できた。

取引所の会員になるには、かなりの金額の会員権を購入しなければならないが、非会員業者なら登録のみで簡単に設立できた。そのため、質屋とか商品取引業者、高利貸などが、店先を区切る程度の店構えで、証券業者になっていた。こうした業者は、証券業とほかの事業とを丼勘定にして経営しており、ほかの事業が行き詰まると、証券業も一緒に倒れ、客の株券や預かり金もなくなる状況。公私混同するものもあり、投資家の保護に欠けるところが大きい。

そこで大蔵省は、理財局証券部を充実させて、証券検査官による不正行為摘発を強化した。

証券検査官は、数人で一チームとなって、早朝に所定の場所に集合し、一斉に証券業者の店舗に乗り込み、現金・預金や株券の移動を一時ストップさせて、帳簿との突合をおこない、差違の有無や、差違理由を質問する。当時は、証券倫理が確立しておらず、客から預かった現金や株券を使い込んだり、注文と別の銘柄を買ったり、自己玉取引をしたり。要するに、今でいうコンプライアンス（法令順守）は無視されることが多かった。証券検査の現場は、社会正義と公共の福祉のために、暗黒街のボスに立ち向かう映画（アンタッチャブル）のエリオット・ネスさながらであった。

二五歳で「光世証券」を起業

共通の株券預託制度はないので、みな証券会社の保護預かり。実は、あまり「保護」されていない。株券の現物を一枚一枚帳簿と照合。紛失、流用を確かめる。不適切な経費の支出があればチェックする。このままではいけない、何とか投資家を保護して証券業者が信頼のできるものになるように淘汰されなければならない。

そうした問題意識から、証券業者の経理基準の統一を図ったり、証券業者の指導監督の強化、証券業者の財務管理について、といった通達が矢継ぎ早に出された。

また「証券業者の登録、資本の額、純財産額及び営業用資本額に関する政令」を改正して、証券業者の最低資本金を引き上げて、財務面の健全化が図られた。

証券業者は、不正経理や丼勘定にはやり馴れていたが、大蔵省の資本金の引き上げ通達はやはり痛い。そこで、通達を出した課長さんを、

「鬼の坂野」

と呼んでいた。坂野常和氏は二〇一一年に亡くなったが、当時の証券業務課長。

業者にとっての「鬼」は、逆に投資家には「福」である。業界を規制して、証券界を品位ある紳士の集まりに、立て直そうとの動きは、必然的に登録制から免許制への転換につながる。

東京への眼配りも怠らなかった巽は、いち早く証券業の免許制への転換の動きを嗅ぎ取った。

「今やらねば」

免許制になれば、経験年数などの要件が厳しくなることが予想される。この年（一九六一年）、彼はまだ二五歳。地場の証券業者や有力顧客に相談すると、

「まだ若すぎる。」

といって、だれ一人賛成してくれない。彼は、喧嘩には一人で立ち向かう男だったが、独立しようという重大な決断も、たった一人でしなければならなかった。まさに独立独歩だ。ついに、機に投じること、つまりチャンスにチャレンジすることを決意した。

新会社の名前は、

「光世証券」

これは聖書のマタイ伝の「地の塩、世の光」からとったもの。資本金は一六〇〇万円。現在の物価水準に引き直すと約一六億円位か。同じ頃発足した豊《ゆたか》証券が買収に要した資金がやはり一〇〇〇万円余。

父の残してくれた遺産の株券が、これ程有効に役立ったことに、ただただ感謝であった。

ケネディ暗殺、証券不況に

北浜に近い道修《どしょう》町、薬問屋の真中に、三〇坪の店舗を開いた。山源から彼についてきたスタッフが二五人。同志社大学のアメフット部の後輩が多かったので、いかつくて体重の重い社員ばかり。少人数で利益が出るように、法人部門にしぼって営業を行うのが基本方針だった。個人相手では大証券にとうてい勝てない。

松下電器（パナソニック）、寿屋（サントリー）など法人の大口顧客は、引き続き確保する必要がある。再び夜討ち朝駆けの訪問営業が始まった。

一九六一年六月、大蔵省近畿財務局に最後の登録業者として無事に登録がすんだ。光世証券より以降の業者は、すべて、免許制となる。もちろん、登録済みの証券業者でも、無条件で免許をもらえたわけでなく、免許制の欠格条項にあてはまれば、免許はもらえない。ただその点を改善しさえすれば、免許がおりるので、立派な免許業者になれた。免許制が実際に実施されたのは一九六五年になった。

のちに、小泉政権によって、規制緩和がとなえられ、新規参入を容易にするために、免許制度は廃止され、登録制度が復活するまで免許制が続いた。

近年、証券業協会会長が、不正経理やインサイダー関与、不正取引の発覚などの多発を受けて、資本市場に携わる市場仲介者が、不正に関与することは、絶対にあってはならないことであり、証券倫理の確立を求める、と記者会見で強調している。

光世証券が設立された一九六一年の日本経済は、岩戸景気といわれる高度経済成長を続け、証券界の景気もよかった。東証ダウはその頃のピーク一八〇〇円をつける。

しかし一九六三年一一月にケネディ米大統領が暗殺され、いわゆるケネディショックと呼ばれる暴落となる。その後景気はなかなか回復せず、物価だけがジリジリと上昇するスタグフレーションの時代を迎える。

東京オリンピックが開かれ、ＩＭＦ世銀の東京総会が開催された。大阪の万博も開催された。しかし、日本経済の国際化が進み、ＩＭＦ８条国への移行、ＯＥＣＤに正式加盟などが実現。大蔵省に証券局（初代局長に松井直行氏）が発足するが、証券取引責任準備制度の実施や、東証ダウ一二〇〇円の防衛買い出動、日本共同証券の設立、新規上場の抑制など、きな臭い匂いになってきた。日本証券保有組合の設立、空売り申告制度の導入も行われた。

中元に「褌」贈る

空売りの申告制とは、信用取引の空売りを先行させて売り崩し、値下がりしたところを現物で買い戻すという、業者や投機筋の手口を、何とか規制しようとするものだ。自由であるべき市場で、こんなことまでしなければならないのは、政官業界すべて資本市場の崩壊を極端に恐れていたことを示すものだった。山陽特殊鋼が会社更生法の適用申請で戦後最大の倒産となった。

証券業界では、ついに山一証券の一回目の倒産と、日銀法第二五条による特別融資（いわゆる日銀特融は、山一のほか、大井証券など運用預かり一九社が対象）が実施された。

新山一証券は、一九六五年不況の翌年に発足。証券業界の黒雲はついにどしゃぶりの大雨になった。光世証券の方は、狙った法人取引も思ったほどはとれず、従業員は自然に減少。明日にも倒産かという状態が続いた。

家に帰った彼は、愛妻恵子に説明する。

「どこの会社も、株を買ってくれるほどの余裕がなくなってしまった。今月の給与も払えないくらいだよ。」

「ひえー、大丈夫なの。」

「倒産したら、二人でラーメンの屋台でも引くことになるかもしれないよ。」

話し合いながら、二人で手を取り合い、抱き合って泣く夜もあった。

こういう青菜に塩の状態のときこそ、元気をふりしぼり、活性化の掛け声が必要だ。

彼は、東西の証券会社の代表者宛に、

「緊褌一番」

と書いて、褌をお中元に贈ったのはこの夏だった。業界では、非会員業者の光世証券社長から妙なお中元がきたと思ったに違いない。でも彼の名前を売り込むことには成功したし、現に株価は翌年から回復に転じ、共同証券や保有組合は凍結株の放出を開始して、相当の利益をあげて財団化している。この頃、彼は自宅の壁に畳二枚分の大きさの紙を貼って、光世証券の将来像を、ロードマップ（行程表）として掲げていた。その中でもっとも大切なのは、

「大証の会員権取得」

「東証の会員権取得」

「光世証券の上場」

の三つである。大証や東証の正会員とならなければ、非会員業者は、株式売買するのに、正会員に市場での売買を依頼しなければならない。

ニクソン・ショック時に会員権を取得

正会員に売買を依頼すると三〇パーセントの手数料をもっていかれてしまう。もともと経費もかかる。いくら働いても儲けは半分くらい、というのでは、引き合わない。

証券取引所は、一種のクローズド・ショップであり、正会員以外のものは取引できないし、ほとんど一人前扱いしない。もちろん、いかなる証券取引所の公職にもつけないし、証券関係の情報もまったく入ってこない。

光世証券が発足した一九六一年に、大証は店頭株を正規に取り上げようとして、市場二部を発足させた。一部も二部も、非会員業者では株式を直接売買できない。

大証は非会員業者の救済を企図して、非会員業者の連合体をつくり、それに会員権を与えて、取引に参加できるようにした。この連合体が、非会員一一社からなる「ナニワ証券」である。光世証券も一九六二年にこのナニワ証券の構成員となり、取引所での取引に辛うじて参加できることになった。彼はナニワ証券の社長に推されたが、ナニワ証券自体は赤字続きで、同社が解散するまでの赤字を、参加者で負担することになった。その負担割合は、光世証券が四八パーセントと最大になった。

光世証券が大証の会員権を手に入れたのは実に会社設立一〇年後の一九七一年一〇月であっ

た。たまたま江口、日東、大一呉の三社が合併することになったので、不要となる正会員権が発生した。このうち江口証券の会員持ち分を四億六〇〇〇万円で買い入れた。これはプレミアムをつけたかなり高い価格だった。ニクソン・ショックの大暴落のさなかに、会員権売買が行われた。

光世証券のロードマップには、必要な増資の額と時期、そして増資などに関する大蔵省の許認可予定などが書き込まれ、今後の登り坂（ハードル）と、到達目標が一目瞭然となっている。そして、その時期に必要となる資本の額と、増資計画が描かれていた。

一九六五年に新しい証取法がようやく施行され、近代的な証券業規制の枠組みは整った。この中で、証券業の免許制も実施に移され、あやしげな非会員業者の乱立は、抑止された。そのほか、規制面では一九六六年に媒介の禁止、一九六八年には証券業者の運用預かり業務の禁止、証券業協会の統合、寄託証券補償基金の発足などがあげられる。

また、証券業者を公認会計士が監査する制度がはじまり、投資家の保護措置が手厚くなるとともに、証券業務の近代化が徐々に進展していった。

「総合証券へ」異例の大抜擢

大阪証券取引所では一九七〇年に独自に欧米の証券市場視察団を派遣した。この視察団は帰国後、情報処理システムの必要性の報告書を発表した。このとき彼は、妻恵子を帯同して参加した。これ以降の海外視察調査団などの出張には、必ず恵子を伴っている。それ以前の国内旅行でも妻を同伴するのが常となった。これはキリスト教的な思想で、夫婦は常に同一行動をとること、万一事故などに遭遇しても必ず一緒に、との信条に基づくものだ。

なお、そのほかに裏の事情もあった。調査団の団員が、米国や欧州の出張先で、ホステスなどとホテルにしけこむのを見て、彼はそれだけはいやだと思い、恵子を同伴することにしたのだった。それをみて、ほかの団員は「お弁当をもって、レストランに行くようなものだ。」と陰口をたたいていた。

外国証券業者に関する法律の制定、アジア開銀債や世銀債の日本における第一回発行など、わが国証券業の国際化が進みはじめた。

また、景気の上昇に伴い、一九七一年~七三年頃には大証も東証も株式の商いが繁盛しすぎて、事務処理が追いつかず、午後の立合い短縮や、土曜の立合い休止が続いた。

取引の隆盛に対して、当局は信用取引の規制で臨んだが、これは明らかに本末転倒であった。

事務の合理化の遅れをとがめるべきであった。

　東証会員権の取得には、大証会員権の取得からさらに一〇年の年月が必要だった。日興証券系の遠山証券から購入した。このときも大きなプレミアムを積み一〇億六〇〇〇万円の成行で買うといって兜町の話題を呼んだ。外国証券業者の参加を前に、

「洛陽の紙価を高からしめた。」のだった。

　その二年後に名証の会員権を入手している。

　ロードマップに沿って、着実に進んでいるようにみえるが、実は彼の心積りよりはかなり遅れている。

　次の工程としては、総合証券のポジションを獲得して世界の桧舞台に立つことだ。日本の舞台だけでは、古い慣習や序列、顔役などがどうしても成長を邪魔してしまう。

　大蔵省から、待望の総合証券の認可がおりたのは一九八五年だった。これによって、経営を拡大し、国際化に力を入れることができる。総合証券としては、二一番目で、北浜の地場証券からは、初のケースである。資本金三四億円、従業員一八〇人のこじんまりした光世証券にとっては、大蔵省による異例ともいえる大抜擢となった。

ケネディ・ショックで証券局ができた

彼は、これからの方針として外国部を設置し、海外支店をまず香港に、次いでニューヨークとロンドンに設置、国際的に通用する人材を採用、または育成していく。海外では、現地企業との提携や合弁、現地証券のM&Aによる買収も視野に入れる。国内店舗網は一八店舗に拡充すると記者会見で発表。その通りの準備を大車輪で進めた。

そして次の目標は、大証に光世証券株を上場することだと進軍ラッパを吹き鳴らした。

この当時の日本の経済状況は、岩戸景気が終り、いわゆる四〇年不況を経て、苦しみながら不況から脱出している頃である。直接的には、ケネディ大統領が利子平衡税を課して、米国国際収支の抜本的改善を図ろうとした（一九六三年のケネディショック）。これは米国の不況を海外に輸出するようなものであった。大証の平均株価は年末までの半年間で二一パーセントもの急落となった。この間、日本では開放経済体制への移行を余儀なくされ、証券界も市場の強化育成、証券行政の整備が急がれることになった。

大蔵省には証券局が設置され、初代証券局長として松井直行氏が任命された。

松井局長は何か問題があるとすぐに、

「野村証券の意見はどうか。」

と聞くので部下たちは、

「松井直行ではなく『野村直行』だね。」

と陰口をたたいたものだ。あるいはこれは財研（大蔵省の記者クラブ）の記者たちが名づけたもので、証券局内に広まったものかも知れない。

その松井直行氏は、第七代の大証理事長としてのちに北浜に着任することになる。

四〇年不況をようやく脱出した日本経済は、次なる頂点「いざなぎ景気」に向かって、上昇を続けた。一九七〇年夏頃までの四年九カ月にわたり好況を続けた。日本のGDP（当時はGNPで計量）は六八年に西ドイツを抜き世界で二位になった。なおその後の四〇数年を経て中国に抜かれて、今では世界三位となっている。

七三年三月〜九月に大阪千里の万博会場で開かれた「日本万国博覧会」では参加国・地域・機関は八〇をこえ、総入場者数は六四二二万人という史上空前の記録となった。二〇一〇年の上海万博の入場者数はこれを上回ったが、熱の入り方が違っていた。

驚くべき速度で東京集中が始まった

大阪万博のあと、物価上昇が根強く、金融政策は引き締めへ転じたため、景気後退期にはいる。そして一九七一年八月一五日のニクソン・ショックが日本を襲った。ドルは金との交換を停止、二〇パーセントの輸入課徴金など国際通貨体制を一気にゆさぶる。固定通貨制度は、変動相場制となり、円はドルや欧州通貨に対して大幅に切り上げられ、いわゆる円高不況が、日本経済をおおうことになる。しかし国際社会における日本経済のプレゼンスは、大きく向上するとともに、強い円を活用する対外投資、企業や銀行の海外進出、発展途上国援助などが飛躍的に伸長した時期でもあった。

同時に、国内的には、日本の金融・証券業者などが、国際的なスタンダードで、世界の金融・証券業者などと競争しなければならない時代に突入する。

もはや戦後ではない、と経済白書はうたい、「陽の登る国ニッポン」といわれた日本経済は、一方ではそれなりの義務や責任を負わされることになっていく。

他方、日本経済は東京へのとどめを知らぬ一極集中が進行した。高度成長に支えられ、ヒト、モノ、カネ、情報のすべてが首都に集中するのだった。東京の興隆は即ち国家の興隆とうけとめられ、驚くべきスピードで集中が進行した。

それに伴い、地方都市とくに大阪経済の地盤沈下は急速だった。そして北浜も兜町に比べ相対的に著しい地盤沈下が進む。大証の株式売買高シェアは、全国の株式売買高に対して戦後ほぼ一貫して二五〜三〇パーセントを占めていたが、一九六〇年以降シェアの低下がめだってきた。六五年に入ってコンスタントに二〇パーセントを続け、このまま推移すれば、二〇パーセントを割り込むことも予想できた。

彼は、七四年からの六年間と、八五年からの二年間の二度にわたって大阪市場強化特別委員会（初代委員長は福田堅一郎・一吉証券会長）の委員を務めた。

そこでは、大証会員の大証での取引執行を強制するだけでは根本的な解決にはならない、前提として、大阪市場をどう改革するのか、どうやれば大阪証券取引所の復権ができるのか、基本問題を議論すべきだと、主張したのであった。

世界の「大証先物」

一九七六年の産経新聞の堀部晃記者とのインタビュー。

問　なぜ大証が必要だと考えるのか。北浜を守る方法はあるのか。

答「二眼レフ論」の立場からだ。こういうと、すぐ、東京が大災害にあった場合の、大阪の補完的役割を思うだろうが、そんなものは、本妻が死んだときの愛人のようなものだ。

そうではなく、資本市場の発展のために、日本経済全体に占める大阪のウエート、世界第三位の大阪証券取引所の機能から考えるべきだ。

そのためには、証券行政の配慮も必要で、大証の独自性をだすようにしなければならない。

大証単独銘柄をふやせば、パイプラインは当然ふとくなる。大証を、第二部的な感覚でみないように、発行会社側も考えてもらわなければならない。

関ケ原の合戦以来、大阪方は、東京方に勝ったことがない、という父の言葉を、彼は忘れることはなかった。このインタビューにも、それは現れており、東証対大証というとらえ方をしている。しかし、それだけでなく、世界的視野で、大証が第三位だという地位や機能に着目し、強調している。

大証の対東証比率は低下を続け、七四年の相場情報の機械化による伝達システムを導入してからは、一〇パーセント台にまで急降下していた。

しかし、東証とのシェア分捕り合戦には限界がある。やはり世界の市場に着目し、世界の投資家を大阪に引きつける必要がある。この考え方は、七〇年に「欧州証券市場視察団」に参加したときから、彼の胸にくすぶり続けていた。

そして八〇年に「米国ITシステムに関する米国証券視察団」に参加したときには、ひときわ確固たるものになっていた。この視察団の主な目的は、取引所の機械化、IT化であったにもかかわらず、

「先物取引」

に眼を奪われることになる。

そしてその頃、シカゴ・マーカンタイル取引所の理事長になっているクレイトン・ヤイター

元通商代表が彼の手を握って、

「これからは先物取引の時代だよ。ミスター・タツミ。先物取引に遅れると世界市場に取り残される。」

といったとき、まさに雷にうたれたように、

「これだ。」

と思って興奮した、といっている。ほかと同じことをやっていては、進歩も発展もない。なお、ヤイターは、第二次大戦中に杉原千畝（駐リトアニア代理領事）の「命のビザ発給」によって救われたユダヤ人の子で、大の親日家だった。

先物取引のための「新構研」

東証と同じことをやっていたのでは、大証が勝てるはずがない。何とかして、東証と違う商品がほしい。この「先物取引」を大証にもってこれないか。

日本に帰ってからは、大証理事長の山内宏と綿密に協議した。山内理事長は、彼の考えに完全に同感だった。実は、大証の理事長が松井直行から山内宏に交代するときは、巽が山内を口説いたという経緯がある。

彼は、大証の総務委員会や大阪証券同友会の代表などの公務を引き受けていたので、大蔵省から誰を大証の理事長にもってくるかについても、相談をうけ、関係者との折衝にあたっていた。

彼は山内に、

「貴方と、生死をともにするから。」

といって、大証の復活のために、大阪へ来てくださいと、殺し文句を使っていた。だから、公的な面で二人はよく連絡をとり、全く同じベクトルで動いていた。ただ問題は私的な面で、山内は人間としての幅がかなり広かった。

女性関係では、レストランで齢の離れたカップルが食事をしているだけで、彼の方はそれを見て怒り出すといったストイックさがあった。それに対して山内の方は、英雄色を好むといわんばかりに、北新地きょうやのナンバーワン売れっ子のI子を侍らせていた。

そうした情報は、すぐに彼の耳にはいる。直接山内にはいわないが、別の会合や、山内のいない委員会の席などで、

「公職にあるものが、女性関係でとかくの噂をたてられるのは、許されるべきことではない。」

と、怒りのおさまらぬ顔つきで、まくしたてるのだった。

彼は、「大証の独自性発揮のためベンチャービジネス的な企業を対象にした新市場を開設したい。」と述べて新商品をにおわせ、伏線を張るのだった。

山内理事長の私的諮問機関として、新商品開発、既存商品の見直しを目的に「新構想研究会（略称＝新構研）」が設置された。

彼は新構研の会長に就任、会長代理は大証専務の友近陽一郎（のち大阪証券代行社長）。「先物取引」というと、投機を罪悪視する風潮があり、表だっての研究ができる雰囲気にはなかったが、米国を中心に、株式の先物が次々に導入されるという国際的な市場動向もあった。新構研の実体は、先物取引を狙いとするものであった。

「NOといわなかった」東証理事長

山内理事長は、のちに大証の五〇年史の中で、新構研というのは変な名前だけれども、その時ひそかに狙っていたのは株式先物だった。第三市場との考え方もあったがつぶれてしまったので、もう現物市場では新しい考え方はでてこない。大阪の存在価値は、株式先物しかない。本当なら新構研でなく「先物研究会」とするのが普通の命名だが、あえて「先物」をださなかった。「口に出していうだけで、つぶされてしまいそうな気がした。」と述懐している。

この新構研は、前後四二回にわたり開催され、一九八六年一二月に、晴れて「先物取引研究会」に改称された。しかし、順風満帆とは、もちろんいかなかった。まず、東証側の反発がある。

山内理事長は、東証の竹内道雄理事長（山内の先輩で元大蔵事務次官）に根回しをしなければならない。

「東証が、国債先物で先鞭をつけることには賛成です。その次には、大証で株式先物をやらせて欲しい。（株式先物は大証に）先に走らせてほしい」

と穏やかに話した。竹内は難しい顔をしていたが、NOともいわなかった、と山内はいっている。大証のために山内は、真剣勝負をしていたし、他方、竹内の方は、兜町のうるさ方を説得する自信があった頃だ。

大蔵省証券局を説得する役割は、巽をおいて他にいない。

証券局長は、佐藤徹。あだ名は「やぶれ傘浪人」。

小柄でひょうひょうとしていたが、舌鋒鋭く、相手の論理を切り裂く。唯一の趣味は、麻雀。

巽は、大証の理事会議長に就任していたが、佐藤局長を説得できるのは自分しかないと考えていたし、他の役員もそう思っていた。当時は、野村証券副社長の豊田善一朗が新構研の会長をしていたが、優秀なセールスマンではあっても、とても世界的視野に立った論客とはいえなかった。新商品の意義を、生半可に説明しようものなら、やぶれ傘浪人に一刀両断にされてしまう。

彼は必死に考えた。

大証の地盤沈下を救う、とのことから始まった。しかし、それを持ち出したのなら、東京エゴに対する大阪エゴになってしまう。佐藤証券局長を説得するには、何か、それを超えるものがなくてはならない。

「破れ傘浪人」とサシの対決

局長室に入ると、佐藤局長は、事務方の課長連を退出させ、サシで話す体制にしてくれた。要件は事前におおまかに伝えてあったが、彼はいつもの大声を抑えて、簡潔に要点のみを話した。

先年、大証から派遣された米国先物取引調査団の団長をして米国市場を視察してきて、シカゴ取引所のヤイター理事長から、先物の将来性、重要性を示唆されたこと。国際的にみると、この数年で米国以外でも、カナダのトロント、オーストラリアのシドニー、ロンドン国際金融先物取引所、シンガポール国際金融取引所などで、次々と株式先物取引が開始されていること。

さらに、

「私は、大阪対東京という地域エゴで申し上げているわけではない。世界の動向と、それに立ち向かう日本経済全体の立場から、先物取引が必要な時期にきていること、それには、この一一年間、株式先物の研究をやってきた大阪証券取引所に一日の長があります。」

事実関係はもう知っているとの顔をして、切り込むような鋭い視線を彼に投げつけながら聞いていた佐藤局長は、このときようやく破顔一笑して、

「あなたが東証憎しということで、おやりになると思っていたが、今のお話で、いや、天下国家のためにやろうとしておられるんだ、ということがよくわかりました。

いろいろ根回しをして、各方面の理解を得なければいけないことは勿論ですが、大蔵省内についてては私に任せてもらって結構です。」

「東証はどちらかといえば現物中心で、大証は、先物主体で、両者が共存共栄すべきです。それこそが、日本経済を国際的にも強くすることになるでしょう。」

彼は内心「やったあ」と叫んでいたが、この一時間、裁判官の前の被告のように、冷や汗がたらたらと流れていたので、ハンケチをとり出しながら顔を拭き、

「どうぞ、よろしくお願いいたします。」と述べるのがやっとだった。

このときの佐藤局長との折衝が、よほど心に残ったのだろう。

後年に彼が死の床にあって、いわば辞世の手紙ともいうべきものを書いたときには、楽しそうに佐藤徹局長の名前を想い出している。彼が、佐藤局長と面談するのは、このあと佐藤が大阪に出張してきて、大証が主として先物を扱うことが確定した旨、連絡してくれたのが最後となった。

「株先50」で大証正会員広げる

佐藤局長はこの大阪出張のあと、欧米の証券行政の視察のために渡航したが、途中での激しい腹痛と下痢に悩まされ、帰路はほとんど戸板にのせられたような状態で帰国。その後、虎の門病院に入院するも三カ月後には帰らぬ人となった。

関西の証券業者の毒気にあてられたのではないか、との噂もあったが、虎の門病院で主治医として治療にあたった院長先生を、作者が訪ねて、佐藤局長死去の状況を問うと、

「もう以前から肝臓が悪くて、脂肪肝から肝硬変になり、肝臓癌に進んでいた。今回の外遊はとても無理だと申し上げていたが、ご本人が絶対に行きたい、とおっしゃるので、薬をのみながらゆっくりとした日程で、という条件で許可しました。なくなられるときは、肝臓癌が他の臓器に転移していて、手の施しようもありませんでした。」

とのお話。肝臓の病は、途中で止まってくれないから恐い。ともあれ、やぶれ傘浪人の壮絶な最期を見届けたような気がするのだった。

株式先物市場がスタートするまでには、いろいろな根回しや仕事が山積していた。まず在阪の経済団体からのサポートが必要になる。先物取引をやっていただくのは、企業のリスクヘッジなどが多いから、財界五団体のお墨付きをいただき、傘下企業に参加を呼びかけていただく。

新構研は、役目を終えて解散。かわって新たな先物取引を研究、検討するため、

「先物取引研究会」

を設置。大証の株式先物取引を通称で、

「株先50」

と決定して発表した。

市場参加者を増やすために、大証の正会員定数を五八から八二社に広げた。さらに遠隔地会員制度を実施、八二社のうち、内国証券は八〇社、外国証券は二社。株先50の発足は、一九八七年六月九日だった。当日は記念式典も行われ、場を盛り上げた。この年、彼は、日証協大阪地区協会会長に就くとともに、それに伴う公職を六〇ほど引き受けた。

地区協会会長にそれだけの権限が集中するということは、会長権限が圧倒的に大きいということと同時に、民間業者のなかに公務を引き受けるだけの人材が少ないことを意味している。

その兼務には、大阪証券金融（株）の非常勤取締役があった。地区協会会長は、大証金の非常勤取締役に、あて職で自動的に補されていた。

「もうあと七～八人自殺者がでないと」

あるときの大証金取締役会の風景。
巽取締役「テレビを見ていたら、某せんい会社の会長が、上原謙さんの奥さんとできちゃって、二人でマコツーとかの会社をつくってやっているうちに、それがマスコミにばれて、会長は晩節を汚したし、上原謙は、二度目の奥さんを寝取られ、面目まるつぶれ。このところ毎朝テレビをつけるとこの話でもちきり。公職にあるもんは、女関係は身ぎれいにしておかんといかん。愛人をつくるなど、もってのほか。」
朝比奈社長「愛人をつくるほどの甲斐性のある人は、北浜には誰もおりませんぜ。この深刻な不況では……」
取締役「大証理事長がきょうやのホステスI子と一緒にプレジデントに乗り込むのを見た、という報告もある。」
社長「そんなことより、次の大証理事長の候補は、どないになっとるんですか。」
取締役「もうそろそろ決めなきゃいかんのに、山内理事長が推薦するお人は、全くやる気がないので、困っとるんや。やる気のない人は除いて、やる気のある人を推すべきだ、と思うんやが。」

取締役「この証券不況で、先日某証券の営業マンが一人首つり自殺したが、その点を記者に質問された佐治敬三さん（サントリー）が『一人や二人では駄目で、あと七～八人は自殺者がでないと、証券不況は終わらないよ』と答えた、ということで、証券界から抗議の声が上がっている。私も電話をかけたところ、昨日佐治さんが取引所に来て、謝罪の言葉があった。

私からは、『これでノーサイド（終了）にしましょう』といっておいた。」

社長「佐治さんは、舌禍事件の多い人。この前も東北地方に行って、現地の人が首都移転をするならぜひ仙台に、と話をしたら、佐治さんは、

『東北地方はもともと熊襲（古代九州地方を支配した豪族）のいたところだから、首都移転は無理だ』といって、東北の人々を怒らせたばかりだ。」

取締役「また、という感じだが、双方とも大人だから、この辺りで手をうった方がよい。」

社長「そういえば、協会長は、ビールはサントリーの黒ラベルばかり呑んでましたね。」

取締役「ガハハハ。それも浮世の義理ですなぁ。」

ＯＢ会長ポストに執着

後年、大証の公益理事（のち理事会議長、さらに㈱大証の会長）にアサヒビールの名誉会長

で論客の樋口氏を迎えてからは、彼は、サントリーの黒ラベルをぷっつりやめて、アサヒのスーパードライばかりを浴びるように呑んでいた。ビールは味よりも義理で呑む。この頃、佐治敬三は、すでに死去。

あるとき、某証券会社の若手社長。

「参りました。今度はほとほと参りましたね。」

「どうしたんですか。」

「いやあ、今ちょうど同志社の校友会会長の改選期なんですが、巽さんが、腕ずくでも校友会会長の椅子を維持しようとして、同志社の学長や理事の人たちと対立しているんですよ。私も理事の一人なんで、板挟みで参っとるんですわ。」

「なんで協会長はそんなに頑張るんですか。」

「校友会会長の職は、同志社OBにとってはもちろん大変名誉なポストですが、どうもそれだけではないようです。ダウが去年の三万九〇〇〇円から半分位に暴落しているので、運用資産の価値も半減。その点を余り追求されたくないので、何とか相場が持ち直すまで、会長ポストを押さえておきたいという噂。本当のところはわかりませんが。」

「ダウ下落は、個人の責任ではないんで、仕方ないんじゃないですかね。株屋の格言に『半値』『八掛』『二割引』というのがありますから、一万二〇〇〇～一万三〇〇〇円までいくんじゃないですか。」

「証券業界の同志社ＯＢは、応援にかりだされるし、アメフット部の後輩や、体育会系のみかけはやくざみたいな連中がたくさん出席して、凄みをきかせるのですよ。」

「はっきりとはいわないけれど、学長側に同情的な人が多い。でも怖くて沈黙。それに同志社キャンパスの京田辺への移転に伴う利権がからんでいる、との噂もある。」

「そのあたりが、真相かも知れませんね。」

その後、ある業界紙のコラムにこんな記事が。

「同志社大学は、中小企業の坊っちゃんが多く、あまり与太者はいないそうである。だから攻めも甘かったかも知れないが、会長側からの反撃はきつく、なかには二度も三度も工場を焼かれたり、大けがをさせられたりした人もいたそうである。

有力暴力団と二人三脚で同志社を押さえた会長らしいが、いずれ天誅も下るだろう。世の中は『無常だから』。驕る平家は久しからず。どんな強い人にも、枯渇は必ずくるのだ。」（敬天新聞社主の独り言）

筋金入りの左翼嫌い

工場の火事やら大けがを、会長派の仕業というが、体育会系の人を暴力団に見間違えたりしており、対立は激しかったようだ。とくに学生時代の二度にわたる暴力事件を知っている大学理事者側としては、武闘派の前になすすべがなかったので、陰にこもってこういう報復記事になったのかも知れない。いまだに、同志社ＯＢの人に校友会会長事件のことを聞いても、言を左右にして口を開こうとしない。

結局、同志社校友会会長ポストは、二〇年間も彼が押さえていた。その後は彼の息のかかった女性ＯＢが会長につき、彼本人は亡くなるまで名誉会長で君臨していた。会長のために一言つけ加えれば、高校時代、大学時代には、体育会系の学生は、喧嘩をするとき関西弁で、

「どたまどついたろか。」

という罵声を浴びせる。これを関東弁でいうと「ばか野郎ひっこんでろ」ぐらいのことで、本当に頭を叩くわけではない。しかし、学者先生たちが、体育会系の人たち（元体育会系というべきか）にこういう言葉を投げつけられると、実際に暴力団組織との立ち回りを演じなければならないのかと思ってしまうのも無理はない。とくに関東出身の先生方は萎縮してしまうだろう。体育会系の人たちは、学生時代に左翼系の学生部と対立した記憶があるから、激しい言葉を使って、校友会を制圧し、人事権や京田辺移転がらみの決定権を掌握しようとしたことは十分考えられる。

とにかく、彼の左翼嫌いは、労組嫌いにもつながっているが、もともと彼は株式資本主義の申し子的存在であり、かつ、キリスト教受洗者でもあったので、筋金入りだった。

ところで光世証券は、大蔵省から二一番目の総合証券として認可されたが、そのときの資本金は三四億円で、認可基準（三〇億円）すれすれ。社長は、これからは資本を充実して株式を上場するから準備せよ、との指示を出した。ロードマップに基づく次なる目標だった。二年余りの準備を経て大証の新二部に上場（六三年五月）。財務内容からみれば、一部への上場でも認められたのだろう。しかし、ベンチャー企業が上場しやすいようにとして創設された新二部にあえて上場して、北浜が拠点であることを実践。ベンチャー企業の経営者たちを鼓舞した。

無税で巨億の創業者利益

光世証券の公開価格は一三〇〇円だったが、折からの株式ブームに乗り、初値はストップ高の二一〇〇円。公開株の利益は、創業者利得として所得税はかからない。新規上場をすると、売り出し株数に市場価格（公開価格を下回れば、公開価格）をかけた金額を、仲介業者への手数料を除いて、まるまる手中にできるのだ。

この当時は、公開値よりも市場価格が上昇したので、より多くの割当をうけた者は、それだけ多くの利益を得ることができた。その後、バブル崩壊後の新規公開（ＩＰＯ）は、公開する企業も、仲介する証券業者も、より儲けようとする意欲が先に立ったためか、実力以上の高い公開価格を設定して売り出すので、上場後に暴落して、五分の一とか一〇分の一に低迷し、新株の割当を受けた者は、かえって大きな損を抱えるケースが多くなった。

例えば、光世証券でも、仮に一三〇〇円で割当をうけた者が売りどきを見失ったり、持ち合いということで、二〇年間も保有を続けたとすれば、最近の三〇〇円前後の値段になり、大きな含み損を抱えて、さらに売れなくなる状況になっているはず。

しかし、光世証券はよいタイミングで公開したので、彼は巨億の創業者利得を、無税で得ることができた。この資産は、新本社ビル、新東京支店ビルのほか、芦屋の居宅、京都哲学の道の別邸、東京の別邸などに姿をかえた。また、上場記念でブールデル作の「弓を引くヘラクレス」像になったり、ピーク時の西宮ゴルフ場の会員権（二口で一〇億円）になった。

芦屋の豪邸や、京都哲学の道の別邸は、国内外の賓客を招くために豪華につくった、と本人が説明しているように、たびたび外国の証券関係者を招いてホームパーティーを開いており、なかば公的な役割を果たしている。それぞれにお茶室が設けられて、招かれた客は、にじり口や茶室に上り、一服いただいたのち、応接間や広間に通される。イタリア製シャンデリアやタイル、収集品のベネチア・グラス、マイセンの皿や人形など、素晴らしい家具、調度が、ところせましと並んでいる。

ともあれ、光世証券は、新二部から二部をスキップして直接一部に昇格し、翌年東証一部にも上場された（一九九一年）。株式価格は一時三〇〇〇円近くまで値上がりしたが、今では見る影もない。その要因は売上高の低迷である。

曽遊の地で花見の宴

光世証券は、このあと業績がのびて、総合証券として全国に一八の拠点をもち、海外は香港、ロンドン、ニューヨークの三カ所に拠点を構えた。しかし、一九九〇年以降のバブルの崩壊、日経平均株価の暴落、失われた一〇年（あるいは二〇年）といわれる超長期不況などに押され、思い切ったリストラクチャリング（組織や業務の再編による改革）を行うことになるが、それは後の話。

ところで、芦屋という街は、日本中に知られた最高級住宅地域であり、その中でも六麓荘は飛び切り上等のところで、東京でいえば田園調布にあたる。株式上場まで彼は普通のマンションで暮らしていたが、上場で得た資金で芦屋の六麓荘に土地を確保して居宅を建設する。外国からの訪問客など来客をもてなす目的もあって、一人息子と娘が独立して、夫婦二人きりの家にしては大きすぎるくらいにデラックスに設計した。お茶室もあり、ここに北浜の公的な関係者すなわち、証券取引所、大阪証券金融その他の関係団体を招く。

お茶のあと庭を散策する。阪神大震災のときにはイタリアから輸入したシャンデリアなどがみな割れまして、と恵子夫人。阪神大震災のような非常事態のときになかなかセコムがかけつけてこないんですと心外顔。いずれも持てるものの悩み。

京都は、彼の曽遊の地であり、とりわけ思い入れが強い。哲学の道は、近くに野村別邸があるなど、主として大企業や大金持ちの別荘が建ち並ぶ。桜の満開の時期、お招きにあずかる。

このときの主賓は、蝋山昌一阪大教授、野口卓夫大証専務理事。ほかに朝比奈大証金社長や岩田野村証券大阪支店長。注目されたのは野口専務との蜜月ぶりだった。

どちらかというと調整型の北村恭二新理事長に比べ、野口専務はてきぱきと決断して、ものごとの処理が早い。それになによりも彼を尊重し、取引所の問題は大小を問わず、まず彼に報告し、相談して方向性を出すよう務めていた。誰よりも先に自分に連絡してくるとなると、ういやつだと思わざるをえない。

ともあれ桜の花が満開の下での茶会は大盛会であった。もちろん懐石京料理も堪能して高級ワインに酔いしれる。お酌は先斗町の芸妓さん。みな彼が学生時代に酒をのみ新島襄の軸をかけて遊んだ置屋のお姉さんたち。驚いたのは、初めの一服とお開きの一服は、お茶室が別だった。

棚上げになった「川奈合意」

新構想研究会、大証および大阪財界が一丸となって、株式先物をこの世に送りだすことができた事情は、先に述べた。

大蔵省証券局の佐藤局長や東証の竹内道雄理事長に、東証は現物、信用、債券を中心とした取引を行い、大証は、株式先物を中心とした商いをして、共存共栄を図り、日本の市場を盛り上げて、世界の市場に対抗していこう、という気持ちは確かにあった。また竹内を引き継いだ長岡理事長も、東証は現物中心、大証は先物中心として、棲み分けをはかる、との考え方だった。

後日、関係者がその要旨を書面にして各自印鑑が押されたものが作成された。いわゆる「川奈合意」である。この「川奈合意」は、大蔵省証券局（小川是局長）、東証（長岡実、梅村正司理事会議長）、大証（山内宏、小林武理事会議長）、日証協（工藤栄会長）が川奈ホテルに集まり、ゴルフを通じて友好と協調ムードを高めたのち、今後の先物取引をめぐっての合意を示すべく作成した文書だった。

大証と東証とが、先物市場と現物市場をめぐって争うことをやめ、それぞれの地位を認め合い、ともに調和ある発展を期した内容となっている。この文書には、巽（地区協会長）の名前はみられない。しかし彼はこの合意を活かそうとして、この文書のコピーを持ち歩いて、誰彼となく見せて理解を求めていたという。

川奈合意の主な内容は、

一、将来の日本の証券市場は、東証が現物、大証が先物において中心的役割を果たす。

二、先物取引業の対象指数は加重平均方式のものに変更。現行指数によるものは、新指数が定着するまでの間は継続。

三、現物・先物の一体的な管理・運営を行うため、東証・大証の連携を強化。

四、東証は、大証の先物取引の発展に、最大限努力する。

五、大蔵省証券局は、必要な措置を要請する。

この川奈合意は、立派な作文だったが、その内容が兜町にどこまで浸透していたか。東証のエリート官僚や四大証券では、存在すら知らなかった者もいる。トップクラスの人たちの間では了知されていたかもしれないが、下部組織とくに企画、渉外、調査などの部門に徹底されていたのか。はなはだ疑わしい。後の「先物悪玉論」の高まりからみても、川奈合意はお宝のごとく、神棚に棚上げにされていたのかもしれない。

株先50→日経225

「株先50」との名称ではなばなしくスタートした株式先物も、その実績如何によって、運命は変わってくる。株先50の売買高は、一九八七年六月のスタート直後はご祝儀相場で一時的に賑わっていたが、その後は低調で日を追って取引高が減少していった。

そこでひと工夫。取引税率が一万分の二〇とかなり高かったので一万分の一・二五（のちに一・〇）まで引き下げることになった。

これによってコストが正常化し、翌年は前年の一〇倍の水準で推移している。活かすも殺すも「税金の重さ」ということがわかる。

その後、先物取引研究会の報告があり、日本経済新聞社の協力を得て、「日経225指数先物取引」が八八年九月に開設され、株先50は日経225先物に吸収されることになった。

同時に東証のトピックス（東証株価指数）取引が開始されたが、大証の日経225先物の方が、二倍以上これを上回って、先物は大阪中心でという行き方を実績で示した。

日経225は、その後すばらしい躍進を示し、ついにはシカゴ市場の先物を抜き、実に先物で世界一の取引高まで達成した。彼の内心の得意さは、推して知るべし、だ。

これほど日経225先物が隆盛になった原因はなにか。まず、日経新聞や関西財界（五団体）が、ＰＲや応援に力を入れた。それによって日経225の知名度は著しく高まった。

次に、証券各社は委託取引のみでなく、自己玉でも参加。とくに外国証券会社の多数は大証の正会員または遠隔地会員となって、取引に参加した。大証の取引に積極的でない外証もいたが、それらは十分な実績をあげられず、スミス・バーニーなどの業者は、米国本社から不熱心な支店長の差し替え指令がきたほど。

第三に、日経225指数は、単純平均なので、価格変動が素早く、内外証券業者にとって扱いやすい商品であった。

第四に、取引手数料や取引税がリーズナブルなレベルに設定されていたので、日経225先物と同じく上場していたシンガポール市場などの追随を許さなかった。前にも述べたが、取引税の低さが重要なポイントであった。

このように大証に上場されている日経225先物取引は極めて隆盛となり、大証の手数料収入もそれに伴って増大し、取引参加者とくに、外証の儲けが顕著になってきた。

外証の「売り崩し」

現物取引の方はどうであったか。

日経平均は、バブル景気にのって、一九八八年までは上昇の一途をたどった。

そして八九年の年末、東証は三万八九一五円（大証三万九〇三九六円）をピークとして、九〇年の年頭の大発会から、急降下をたどることになる。三万円の大台を割り込み、さらに年末をまたずして、二万円を割り、その後一万円をも切ることになる。

もともと四万円近い日経平均自体が、すでに空中楼閣のごときバブルの高値であった。

「半値、八掛、二割引」までは下がる、と市場関係者はいう。それでいくとピーク時に対して、

半値＝一万九〇〇〇円

八掛＝一万五〇〇〇円

二割引＝一万二〇〇〇円となる。

この頃、野村証券の田淵会長（大タブチ）が一万二〇〇〇円まで下がる、と広言してはばからなかったのは、こういう証券業界の俚言というか、ケイ線的考え方か、証券業界に永年いる人の勘によるものであった。

二〇年後の今日、二万円から三万円位の間で株式市場は呻吟している。その背景は単純なも

のではない。

　一つは、日本経済の国際化、開放化が進められ、その結果、欧米諸国と対等に、同じ土俵の上で闘わねばならなくなったこと。

　二つ目には、戦後営々として築き上げてきた経済の蓄積や、技術力、資本力といったものが、すべて強力な発展途上国（かつては四匹の龍＝韓国、台湾、香港、シンガポール。次いでＡＳＥＡＮ五カ国の台頭。今やＢＲＩＣＳ＝ブラジル、ロシア、インド、中国、南アフリカといわれる国々）に次々追い上げられて、ＧＤＰは中国に抜かれて第三位に転落。日本は、日の登る国から、普通の国になってしまった。

　貿易や為替、資本取引などの対外取引が、完全に自由化され、その結果、円安は是正、円安による輸出の超過利益を享受できなくなった。さらに、対外援助（ＯＤＡ）や自衛隊の海外派遣など、日本の自主独立、平和のための活動負担も、かつてに比べれば格段に増えている。

　この頃、日経２２５先物が隆盛になるのを横目に、現物の日経平均はどんどん暴落してきた。

　その原因は、外証が先物を売って現物を売り崩しているからだ、という「先物悪玉論」がでてきた。

尻尾に振り回される犬

「日経225先物悪玉論」は、外国証券会社が先物を利用して売り崩しをはかっているからだ、という声が、東証や四大証券を中心に、非常にかしましくなってきた。

先物に対する批判は、感情論としては、日本の証券会社が、日経平均の下落で赤字になり苦しんでいるし、またほとんどの投資家が大損している。にもかかわらず、外国証券会社では売建てして値下がりを図り、安くなったものを買い戻し大儲けしている。まことにけしからん、との感情論。日経新聞や経済週刊誌などで、いろんな議論が飛び交った。

理論的な批判に対して、大証が学者先生に依頼して検証した結果は、次の通りであった。

一つは、フロント・ランニングといわれるもので、朝方に特定銘柄を先物と現物を使って売り浴びせ、暴落したところで買い戻して帳尻を合わせる。中には大量の売りをちらつかせたり、売り注文をいったんは出すが、値下がりが始まったところで注文をキャンセルするケースもある。これは、フロント・ランニングを規制しない限り、先物市場がない場合でも、現物市場だけで起こりうる。後日、これに対する規制が市場管理の一環として、とりいれられた。

この批判は、先物市場の属性にかかわることと、市場管理で片付く問題とを、意識的または無意識のうちに混同していたと思われる。

もう一つは風説の流布。これは既に規制はあったが、程度問題であり、どのような流言飛語を流せば、法令違反として検挙、処罰できるかとの問題。すなわち法令の運用を的確かつ厳格にやるべきということだ。

さらに、犬の尻尾論まであった。すなわち、尻尾（大証の先物）が、犬（東証の現物）を振り回すのは、本末転倒だ、との批判。これについては、先物手数料を二倍にするなどの規制強化により、先物取引の六～七割がシンガポール市場に移ってしまい、先物という尻尾がほとんどなくなってからも、犬の頭（現物）の方は、上昇しなかった。日経平均はさらに値下がりを続けついに二万円を割り、低下を続ける。

なお犬によっては、尻尾が頭や体よりも大きな種類もあるらしい。頭や体の方が尻尾より常に大きくなければいけない、との主張も、何とか自分の方が儲けたい、近隣は窮乏しても構わないという「近隣窮乏論」の類だ。いずれも現物値下がりの原因を何とか見つけたいというものだった。

さらに広がる先物批判

株価下落で儲ける人は、外証以外にもいる。野村証券の元役員さんも、口を酸っぱくして外証が先物を利用して不正に儲けているのだから、225先物はつぶすべきだ、と盛んに主張していたが、ご本人は、英国で発売の「日経平均が下がれば下がるほど利益が出る」という、いわば売建ての投資信託に投資しており、けっこう儲けているようだった。

そのほか、

「先物は、現物取引を縮小させたか」

「先物は、現物の価格変動を激化させたか」

「裁定取引に問題はなかったか」

などについて、学問的かつ計量的な検討を加えたが、この検討結果は、すべて問題となる点はなかった。

しかし、このように関東平野を被う燎原の火のような、日経225先物批判に大証側はたまらず、「新世代先物研究会」（会長は鈴木輝一郎・野村証券副社長）を設立して、

①日経225先物取引などデリバティブ（金融派生商品）の発展と新指数の開発

②会社型投信の上場

③ナスダック・ジャパンとの提携強化

の三つをテーマとして検討しはじめた。

このうちナスダック・ジャパンについては、米国店頭市場（ナスダック）を運営する全米証券業協会（ＮＡＳＤ）と提携してナスダック・ジャパン市場を設立するよう、フランク・サー

ブ会長およびソフトバンクの孫正義社長との間で、交渉が進んでいた。外国の有力企業をこの市場に上場させたり、二四時間体制での取引を検討する思惑だったが、いずれもうまくいかなかった。

一九九三年になると、日経225先物悪玉論がさらに猖獗をきわめ、蔵相や政治家レベルまで動かすことになってきた。そこで大証では、日経225先物を擁護するだけでは駄目だと判断。

先に述べた新指数開発のための「新世代先物研究会」をつくり、検討を開始した。日経225先物への批判が四大証券を中心に起こっていることから、会長には鈴木・野村証券大阪支店長が、委員には巽のほか、蝋山・阪大教授、朝比奈・大証金社長など。東証サイドに立って、先物批判を展開している人を招いて、いろいろと話を聞いたり、議論をすることになった。

「蔵相は証券音痴だ」

この研究会は、二年間に一〇回会合を開き、先物指数について研究報告をまとめた。これに基づき、新たに日経三〇〇先物指数（加重平均型）を設定した。

これとほとんど時期を同じくして、大蔵省証券局は、

「先物取引の在り方について」

を公表、問題の市場管理や取引制度の見直し、現物・先物の一体的な管理運用のほか、大証には日経225先物の商品性見直しを求めることとなった。

その内容はまず商品性について。

我が国証券市場の健全な発展を図る見地から、先物取引のリスクヘッジニーズ、先物取引が現物市場に与える影響に、いっそう適切に対応するため、大証において、加重平均方式の指数による先物取引の導入を早急に準備を進める。

この新指数による先物取引が定着するまでの間は、現行の日経225先物は継続、との内容。

大証側は、理事会議長となっていた巽を先頭に立てて、宮沢蔵相に陳情する。しかしすでにどこからか「毒がまわっていた」蔵相は、全く聞く耳をもたなかった。彼の落胆は大きかった。

「宮沢蔵相は、証券音痴だ」とため息。

かくして、ついに先物取引の規制強化が実施された。その内容は、
先物証拠金率を引き上げて二倍に。

気配の更新値幅の縮小と、更新時間の延長。

立合時間の短縮。

委託手数料を二倍に引き上げ。

市場管理の強化（サーキット・ブレーカー制度の導入、フロント・ランニングの規制の強化

など)。

これらは、先物市場が生き残るための譲歩だ、と大証から会員会社に説明された。

しかし、国際競争上はきわめて不利であり、とくに手数料や証拠金率の二倍値上げで、大幅なコスト高となり、先物取引は他市場へ大きく移動。

大証先物取引は、三分の一程度に落ち込み、シンガポール取引所の日経225先物取引高は、四倍増となっていた。

他方、新世代先物研究会と日経新聞データ局との合同研究の成果として、加重平均型の、「日経300指数」が開発され、その先物・オプション取引が、一九九四年二月に導入された。

これを何とか育成しなければ、というのが関係者の強い思いだった。

第一勧銀事件から証券不祥事に

日経300先物は、初日こそ笛や太鼓で宣伝した効果もあって、二五万九〇〇〇単位の取引があったが、その後の取引は低下を続け、三〜五万単位という低調さ。日経300オプションも日経225オプションの五パーセント前後と超低調だった。

日経300先物を何とか定着させようと、関係者は巽を会長にして、「日経300を世界に」を立ち上げて活動を始めたり、講習会を開くなど、必死の努力を続けたが、その定着は進まず、日経300の建玉残高は減少を続けた。

これは関係者の焦りを少なからず誘ったことは間違いない。そして、後の大証の先物オプション不正事件に結びついた。ただ、それまで猖獗《しょうけつ》をきわめた日経225先物に対する批判や悪口は、まるで憑きものが落ちたように、一転して平静になった。

彼は大証理事会の議長に就任したあと、二年後には地区協会長および日本証券業協会副会長となった。彼は、どのような場面でも、どの団体についても、徹底したリストラと経費節減を要求した。

おりから、東京地検の摘発をうけた第一勧業銀行が、永年にわたり暴力総会屋の蟠踞《ばんきょ》を許し、数百億円という巨額の資金を吸い上げられていた事件で、宮崎元頭取・会長（仏の宮崎とあだ名されていた）が東京地検の取り調べ後に、自殺に追い込まれた。これは銀行界の話で、証券業界とは無縁かと思われていたが、地検の捜査は、野村証券をはじめ四大証券に芋づる式にのびて、逮捕者が多数でたため、四社の会長、社長は、責任をとって多くが辞任した。

当時、たまたま日本証券業協会長の改選期に当たっていたが、四大証券のしかるべき人々はみな捜査対象となっていたため、候補者が出せない。

そこで四大証券の持ち回りとしていた従来の慣例をやぶって、中堅証券の岡三証券の加藤精一会長を一年間の暫定会長にもってこようとしていた。巽は、副会長としてこれに敢然と反対した。今こそ日証協を刷新して持ち回りという悪しき慣例を廃止する。それとともに闇の世界との関係もしっかり自浄していくべき時だと主張。

会長については、業界外から、例えば、

「元最高裁判事」

のような人に会長になってもらい、改革を進めるべきだと正論を述べた。

これは少数意見で、やはり筋書き通り、加藤氏が暫定会長に就任した。

証券は相撲協会より遅れている

日本相撲協会が、八百長問題や暴力団との交際、さらには野球賭博などで大揺れに揺れた時期があった。その時に綱紀粛正をはかるため、業界外の人に理事長をお願いして、一応のけじめをつけた。このことと比べ、証券業界の方が遅れているといえる。

巽の正論に対して、地位や給料も高く、高位叙勲を伴う協会長ポストを、外部の人に渡したくない、との業界内の抵抗勢力は強大であった。

逆に、そんなにうるさいことを言うのなら、巽を副会長から外してしまえ、との動きに出る。

結局、協会長は従来通り業界から出すことにして、一年間の暫定会長を務めた加藤精一氏を改めて正式に協会長に選任したうえ、副会長を五人から二人に削減し、従来の大阪、名古屋の各地区協会長を充てるやり方をやめ、東京地区からのみ二人の副会長を選任することにした。理由はリストラのため、ということ。彼の協会改革の正論や、かねての協会リストラ、経費節減の意見が、よほど耳に痛くこたえたのであろう。この際に、大阪はずし、大証切りを図った。

彼は大阪に帰り、証券業界の閉鎖性、独善性を批判し、抗議のため、他の日証協の委員長ポストをすべて辞任する、と記者発表したが、そこまでであった。

地区協会長としては、彼は、大証の内部リストラと経費節減に大ナタをふるうことになる。大証関連の業界団体の統廃合、補助金の廃止による任意団体（例えば経友会など）の整理、事務経費の削減、取引所人員の合理化など。労組の抵抗のほか、あちこちから悲鳴が聞こえてきたが、彼は正論を押し通した。これにより、四〇〇億円余の節減になったという。その結果、日経225先物の隆盛で得られた収入の、大証外への流出を抑制したことになった。

他方で現物市場が、三万八九一五円（平成元年末の日経平均）から、とどまることを知らないように下落を続けるのを見て、彼は、これは今までの単純なバブルの崩壊とは違うなと感じた。日本の経済、社会、政治のすべての分野で、大きな変革が起こりつつある、という予感があったのである。消費、それにコストなどのあらゆる面でグローバル化と変革とが起きつつある。証券業界も、変革なしでは、もうおさまらないのであろう。

「人海戦術」から「天才」にきりかえろ

現物マーケットの回復は、簡単にはいかない。先物取引の大半をシンガポールに追いやった後も、下落は止まらない。これから半永久的に低位横ばいとなるかも知れない。

それなら光世証券は今後どうすべきか。ヒト、モノ、カネそれに情報に圧倒的に強い四大証券。それらと真正面から戦ってもとうてい勝ち目はない。

今こそ機（チャンス）に投ずるべきときだ。現在の機とは何か。

光世証券の取締役会。といっても取締役は、商法上最低の三人と、監査役三人。社長以外に誰も発言する者はいない。

巽社長「いろいろ考えたが、今回の証券不況は、従来のものとは大きく違う。経済、政治、社会のすべての面で、外国も日本も変わりつつある。いわば国際不況、社会不況だ。当社も、これに立ち向かうリストラが必要だが、世間一般がやっている人員削減、経費削減ではとうてい間に合わない。

先般、訪米証券調査団でむこうに行ったとき、ヤイター氏（シカゴのマーカンタイル取引所理事長）に会って、

「これからは先物の時代、デリバティブ（金融派生商品）の時代ですよ。」

といわれ、なるほどと第六感にピンときた。そこで大証にも、株先50、次いで日経225先物・オプションを導入し、今は新しい先物指数（日経300先物）を開発したところだ。

当社は現在の一八拠点、海外三支店、五〇〇人の体制では、今後の展望は開けない。とくに四大証券に負けることは必至だ。そこで、今後の中長期の経営方針として、先物を中心としたデリバティブに特化していくことにしたい。現物の手数料収入や金融収入で、全収入の三分の一、デリバティブを中心とする自己取引の投入で三分の二以上を稼ぐ。そのための布石として、これまでの人海戦術から、少数の天才へのきりかえが必要。当社はすでに、そういう人材を採用、育成してきた。もちろん天才は少数である。支店は順次クローズして、東京支店と大阪本店のみ、人員は、一〇〇人以下を目途とする。異論があれば、いってくれ。」

専務取締役「わかりました。さっそく今日から、その方針で実施にとりかかります。」

社長「そうか、頼むぞ。トンネルを抜けても（雪国ではなく）暗闇が続く、ということだ。」

訴訟後の関心は「関西度」に

この頃、彼は訴訟事件に悩まされていた。東海銀行から天下りで受けていた元役員による債権未回収事件。銀行側の「仕組み融資」であり、光世証券に責任がない、と主張し続けてきた。

この事件に全力を挙げて取り組んだが、光世証券は裁判で完敗して五六億円の賠償を命じられた。東海銀行から入社したとはいえ、光世証券の役員であり、その者を監督する責任は光世証券にある、というのが裁判所の判決。彼は、この五六億円の支払いはやむを得ないとしても、東海銀行側の責任もあるはず。それは善良な管理者としての注意義務を怠っていた銀行役員は、その損害を銀行に賠償する責任があると株主代表訴訟を起こした。

これは、勝訴しても、その賠償金額は、東海銀行の損失補填（営業外収入）にあてられてしまう。光世証券側が訴訟費用を負担。その上、東海銀行が合併したり、ホールディング・カンパニー制に移行、組織変更で法人格が変われば、訴訟は却下となる。やり甲斐のないことおびただしい。しかも裁判の終了までに延々と時間がかかる。彼の関心は、東海銀行から離れ、次なるテーマに移っていった。

歴代の大蔵相元証券局長が、大証理事長として下ってくる。それは大証というものが、民間の会社と違い、公共性の高い団体であり、その上、会員証券会社や従業員に対し、自主規制を行う機関であることから、当然のことと受け止められてきた。むしろ北浜では、できるだけ格の高いポストにいた人、高級官僚を期待していた。

人柄のよい人物で、欲をいえば、「関西度」の高い方が望ましい。関西度とは、関西とくに京阪神にどのくらい縁があり、どれほど理解度が高いか、そして、関西と関東との対立の局面においては、関西の立場にたって、発言したり行動できる人物か、といったことで計られる。

このメジャーでみれば、山内宏前理事長は、和歌山県生れ、神戸一中卒業、関西の地方局長などを歴任しており、申し分のない関西度。大阪弁を駆使して東証や大蔵省とわたりあった。

後任には、北村恭二元証券局長が大証新理事長に着任したが、その関西度はいかん？　と話題になった。北村は長野県出身、新宿戸山高校、東大卒で、関西は国税局の部長しか経験がない。関西度はほとんどゼロであった。

「お伊勢さん」には頼めない

形の上だけの関西度ではなく、真に大阪を愛し、大阪に定着して、東証一極集中や中央集権化に抵抗していくだけの、いわゆるリーダーシップがあるかどうか。言い換えれば、大証の立ち位置を正確に把握して、東証に対して言うべきときにものを言えるか。大蔵省との意思疎通を十分はかることができるかどうか。さらに、世界の証券界に対応して、大証を正しく指導していけるかどうか、と彼は考えていた。

こうした点に関して、彼をはじめ他の地場会員たちは、どちらかというと調整型の新理事長に期待と懸念とが半々だった。

このあたりで、緊張をほぐすために、北浜における四季の行事を紹介することにしよう。これらは四季の風物詩ともいえる大証の年間行事である。

まず、新春は、取引所の役職員や会員業者、大証金などの関連会社の役職員が、伊勢神宮を参拝する。北浜奉賛会と称して、正月一五日前後の祝日（成人の日）に、北浜の面々が、四〇～五〇人ほどで出かける。彼は、一九九二年から北浜奉賛会会長に就任し、翌年に伊勢神宮評議員に任命。難波から近鉄にのって、伊勢神宮まで直行。ひと車両ほぼ貸し切り状態になる。

あるボックスで大きな笑い声や歓声が絶えない。みると北浜奉賛会会長が、二人分のシートに陣取って、ごひいきの梅市の女将さんが相手をしている。彼の愛人ではないかと陰口を叩かれたこともあるが、元大和屋（大阪みなみの大料理屋、バブル崩壊後に経営破たん）の内芸者であったこともあり、如才なく話題を提供して、あいそもよい。

梅市の旦那さんは、会長の友人ということだが、女将さんと会長との相性がよいらしく、毎年この奉賛会には女将さんだけが参加している。梅市にとっては、お弁当の受注という帆待ち（余録）もある。弁当や飲物を配るのは取引所の女子職員。新参者などは、時々みかんやビールの配給を忘れられてしまうので、要注意だ。

伊勢神宮では、倒産前の山一証券が、最初に祝詞《のりと》を奉納する名誉を永年保っていた。

北浜奉賛会での順番は中程ではあるが、その中で会長の名前が最初に祝詞に読み上げられる。それは会長が、大枚二〇万円の破格の奉納金を納めているから。普通の社長さんたちは身銭をきって一万～三万円で、なかなか名前が呼ばれない。お伊勢さんでは、個人も業界も、何かを神様に頼んではいけないということ。

元気ないぞう！　北浜の株屋

お伊勢さんに願をかけるなどはもってのほか。いの一番に名前を呼ばれていた山一証券が、債券の飛ばしをやって、あっけなく倒産してしまったのだから、これも何かのお咎めか。あるいは神様からの罰かもしれない。

無事に参拝を済ませ、五十鈴川のほとりに並ぶお土産屋さんで、名物の赤福餅を買えば、あとは流れ解散。

夏は、いわずとしれた天神祭。七月二五日に本宮だが、梅雨明けにもかかわらず、不思議と雨が降る。小雨のなか船渡御《ふなとぎょ》といって、業界ぐるみあるいは会社ごとに、小舟をチャーターして、食べたり飲んだり、手拍子や太鼓を打ち鳴らして気勢をあげる。

北浜でも、毎年一隻の船をチャーターして、大川を下っていくのだが、ほかの船が手拍子や歓声で賑やかなのに比べると、すこぶるおとなしい。上り下りの小舟が声をかけあったり、からかってどっと笑い声につつまれ、盛り上がっている。恋人同士とかカップルで船にのる人も多い。また天神祭での浴衣姿に惚れて愛がみのることもあるという。

ところが、株価が右肩下がりのなか、北浜船は自粛ムードでしゅんとしている。すれ違う船から、ヤジや怪訝そうな声が飛んでくる。

「おーい、北浜の株屋衆、元気がないぞお！　元気を出せえ、元気を！」

返礼がわりに太鼓の音のみ、どんどんと。お祭りなのに、お通夜をやっているよう。そんな北浜船の天神祭でした。

秋になると、北浜の各証券会社の経理部長（総務部長や管理部長の兼務も多い）からなる「経友会」が日帰りか一泊のバス旅行を企画。西国三十三カ所などのお寺さんをどこか一カ所選んで、そこで有難い法話を拝聴。そのあとの楽しみが昼食会や夕食会。

兵庫県の清水寺を参拝のあと、椎茸のバーベキューとか、貴船神社のあとの川床料理とか。一泊なら西村屋（城崎温泉）のかに料理と応挙寺で円山応挙のふすま絵を拝観するときも。

会員間の親睦を深めつつ、不況を打ち破ろうとして、景気よく酒を酌み交わす。

ところが、取引所改革の一環としての補助金削減方針でゼロ査定となり、会費だけでは運営困難ということで、あえなく中止となった。経友会そのものもあっさりと廃止。これは経友会会長に人を得られなかったせいもある。

骰《さい》は投げられた

冬のしめくくりは、一二月二八日午前中の大納会。新年四日の大発会まで、しばしの冬休み。かつて一九八九年（平成元年）の大納会でつけた約三万九〇〇〇円のピークから、翌年の大発会における大暴落。ここまで一本調子で下げ続け、三〇数年たっても、いまだに二～三万円前後で低迷している日経平均。これでは意気消沈、気勢が上がらないことおびただしい。

大発会での唯一の楽しみは、取引所や会員業者の女子職員が、振り袖姿でお化粧も濃いめに、新年のご挨拶をかわす姿。秘書嬢たちは、日頃の素顔よりも一段ときれいで華やかだ。

ところで、ゴルフというスポーツは、四季にこだわらず楽しめる遊びだ。巽のゴルフは、正眼に構えてからトップをつくり、思いっきりボールを叩く、剣法的振り方に特徴があった。聞くと、ゴルフの師匠がトップを安定的につくるために、教えてくれた型とのこと。家族思いの彼は、毎年正月休みは、川奈ホテルへ家族づれで、ゴルフと温泉を楽しみに行く。ただ、その最後の旅行での写真を見ると、うなじを落として、底知れない疲労感が、見る者には伝わってくるのだ。

さて、金融業界の国際化、自由化が、帰らざる河として、ひたひたとうち寄せてきたのに対して、わが国の大蔵省は、澄田智銀行局長（のち次官、日銀総裁）を先頭に立てて、

「金融効率化」

という旗印のもとに、対応を急いでいた。

それに対して、対応策が遅れていた証券業界は、証券取引審議会の報告書で、委託手数料を含む諸規制の原則自由化との方針が決定され（九七年）、翌年からは一〇億円以上の大口取引にかかる自由化が実施された。

先の報告書の発表段階では、彼は、自由化は証券業界に対するバッシングではないか、として断固反対を打ち出したが、さらに政府から「規制緩和推進計画」が発表される（九八年）と、証券業界としても、もはや骰《さい》は投げられた、と認識せざるを得ない。

その規制緩和計画において、証券部門には、
①株式委託手数料の自由化
②業態別子会社の業務分野規制の緩和
③免許制から登録制への移行、などが盛り込まれていた。
大阪地区協会では、「どんとこい自由化委員会」（委員長は協会長）を組織、いかに生き延びるか、前向きに取り組む。

闇夜に一灯の道しるべ

「どんとこい自由化委員会」との命名も、巽の発案であるが、ユニークな名称の委員会を組織した理由について、彼は次のように説明していた。

「私は証券業界として、手数料自由化をはじめとする証券市場を取り巻く規制緩和については、積極的に証券界自らのイニシアティブにより自由化を行い、それをもって市場経済の要としての証券市場のパイを広げるべきである、と考える。

外部の意見による自由化ではなく（中略）われわれ自らが五年以内に、市場集中の原則をはじめとする制度的諸問題を自ら解決し、また、証券会社の収益機会の拡大、多様化などの検討を行い、改革を実行して、もって生き残る方策を探求することである。手数料の自由化に取り組むには、今こそ業界エゴの主張ではなく、どんとこい自由化、という気概が必要であろう。『あるべき証券市場の姿と、望ましい仲介者としての証券会社像』を描き、次世代へバトンタッチすべきだ。」（月刊資本市場一九九六年六月号からの抄出）。

今後の証券業界のあり方として、大証券のように何でもやるデパート型と、中小証券ではそれぞれの個性を生かして、独特のブティック型へのいき方をするものに分かれ、そういう道を追求しない証券業者は、大証券又は大銀行の庇護のもとに入るか、仲のよい数社で合従連衡をはかって、生き残ることになろう、というのである。

それによって、多くの中小証券は、わが社のユニークな個性はどこにあるのか、自社の売りものや強みは何か、を考えて、それに特化する道を選ぶことになるだろう。

このどんとこい自由化委員会は、九六年に改組され、さらに積極的に、株式委託手数料の完全自由化、市場間競争と取引集中義務の見直し、店頭市場の位置付けの見直し、などを証取審に対して提言している。この委員会は九八年にその役割を終え解散したが、大阪地区の中小証券業者のみならず全国の中小証券業者が、株式委託手数料の自由化という、先の見えない真っ暗闇に直面して、この指針が、闇夜に一灯をかざしていく道しるべとなった。

なお、美濃国岩村藩の佐藤一斎は、その著『言志晩録』第一三条において、「一灯を掲げて闇夜を行く、闇夜を決して憂うことなかれ、ただ一灯に頼め」と述べている。有名な「暗夜の一灯」だ。

孫正義氏との提携交渉

関西圏でのベンチャー企業の育成、それは巽にとっての最重要課題の一つだった。なぜならば、光世証券自体が証券業界におけるベンチャーだったし、大阪経済の地盤沈下を阻止するためにも、ベンチャー企業を育成して、大証に上場してもらうことが必要だった。

ソフトバンクの孫正義社長は、全米証券業協会のフランク・ザーブ会長と、ナスダック・ジャパンの創設に向けて、提携することを発表した（一九九九年六月）。

大証の対東証シェアは、年々縮小していき、ついに一〇パーセント程度にまで低下していた。大証では、米国のナスダック市場を大阪に誘致することを狙って、ソフトバンクと接触した。

しかし、市場の見通しや、収入の分配率などについて、両者は譲らず、デッドロックに乗り上げた状態だった。孫正義社長は、

「この件について、あなたと二人で話し合い、イエスかノーかを決めたい。」と伝えてきた。

彼は、

「契約にサインするのは大証の北村理事長だから、私は、同席することでどうでしょうか。」と応じた。

この最終交渉の局面で、孫は、

「この条件で駄目なら、もはや断念するほかない。オール・オア・ナッシングだ。」

と迫ったが、北村理事長は、なお逡巡していた。巽はそれを見て、

「これ以上議論していたら、また振り出しに戻ってしまう。最終案が示されたのだから、大証としてももう決めるほかないだろう。北村さんが決められないなら、野口副理事長が決めなさい。大証のほうは、議長の私が引き受けるから。」

という。北村は、副理事長に決めさせるという言葉を聞いて、カチンときたものの、ことここに至っては、多少の不利や未成熟な点があっても、もはややむを得ない、と考え、孫の条件を受け入れることとした。

この直後に開かれた日本ナスダック協会の第一回開業に間に合うよう、両者の提携が成立した瞬間だった。ナスダック・ジャパンは、上場八社によってスタートしたものの、その後の道程は茨のなかだった。

約束は守られなかった

米国ナスダックの方は、外国企業として、シスコ、インテル、マイクロソフト、ワールドコム（二〇〇二年に不正経理により経営破たん）といった有名企業、米ナスダックの市場の有力上場企業を、日本のナスダックにも上場する、と述べていた。しかも形式だけの上場ではなく、各社が一〇〇万株の公募をして、日本での流動性をつける旨の約束ができていた。

しかしこの約束は、約束というよりも、単なる希望的観測にすぎなかった。したがって、全く守られることはなく、ジャスダック・ジャパンに、外国企業は一社も上場されなかった。

また、孫正義社長も、ソフトバンク・グループの多くの会社をナスダック・ジャパンに上場させると口約束をしていたが、実際にはほとんど上場されなかった。

元日本ＩＢＭの副社長だった佐伯氏が、ナスダック・ジャパンの社長に就任したが、佐伯は証券の経験が全くなく、盛大なパーティやゴルフ大会のスポンサーになることなど、経費の支出を中心に活動し、収入を確保するために上場企業を増やすとか、取引を活発化させるという営業努力には、関心が少なかった。関心はあっても、どうやれば黒字体質にもっていけるか、という発想や努力は全く見られなかった。

孫は、もっとも不適切な人物を、社長にもってきてしまった。

大証側への支払いは、初めから滞り、支払い条件変更などの緩和を泣きつくありさまだった。

結局、アメリカ・ナスダックも佐伯を相手にせずといったものの、ほかに適切な人材も見つからず、もはや利益を確保することは難しいとみて、二年半後には、業務提携の解消を申し出てきた。

この間に、北村理事長、野口副理事長は、仮装売買と関連会社設立事件などでそれぞれ引責辞任しており、巽が大証理事長に選出されていた。彼は証券取引所が、世界的にみて協会や組合組織から株式会社に組織転換するのを察知して、東証に先がけ大証の株式会社化を達成、自ら、株式会社大証の社長になったのだった。副社長には財務省（旧大蔵省）出身の内田輝紀が就任した。仮装売買事件（証取法一五六条違反容疑）は、大証の内部調査が終了し、司直の手に委ねられることになった。

ナスダックの話に戻ると、日本側は結果的にナスダック役員や孫正義に、煮え湯を飲まされたことになった。その原因は、十分に追跡されるべきである。

運が、遠ざかっていく

ナスダック・ジャパン失敗の原因は、どこにあるのか。米国企業の上場意思や実態を十分に詰めないままに、またナスダック・ジャパンやその執行役員の、義務の履行能力を検証する間もなく、大証の国際化という甘い見込みとか雰囲気に流され、ナスダックというブランドを信用しすぎて、スタートを急いだ結果の失敗だった。上場済みの一〇〇社足らずの日本企業については、ナスダック・ジャパン市場閉鎖のあとを引き継いで、新しくヘラクレス市場というものを立ち上げ、そこに移行。

注目すべきことは、この件を境として、運というかツキというべきか、巽から少しずつ遠ざかっていくようになったと思えることだ。

その一つに投資保護基金の設立問題があった。投資家を保護対象とする日本投資家保護基金と証券投資家保護基金の設立に際して、外国証券会社と同一の証券投資家保護基金に参加したのは、日本の証券会社では何と光世証券の一社のみだった。彼は、北浜の数社が共同歩調をとるかと、内心では期待していたが、結果として北浜でも光世証券の孤立という印象をぬぐえないものとした。

彼の健康についても同じことがいえる。この頃から彼は時々お腹が痛むので、はら薬をのみながら、内外の会議に出席したり、協会や大証の幹部職員を指揮する日常が多くなった。

平成一二年は西暦二〇〇〇年だが、その正月頃から北浜の証券会社の間で、いろいろな噂がとびかっていた。

「大証が、先物やオプションのつけ出しをやっているらしい。」

「何のためにそんなことをするの?」

「大証の日経300先物・オプション取引が繁盛しているように、東証や大蔵省それにマスコミに見せかけたいからだろう。」

「つけ出しをしてもらった証券会社は、コストゼロで、手数料だけ丸儲けだね。」

「そう。そのうち一社は、大和証券らしいが、一年間つきあって、これはやばいと気づき、今では取引を断っている、ということだ。」

「値決めまでしていれば、相場操縦になるのだろうね。」

「他にも二~三社がその恩恵にあずかっている、との噂だ。」

「それはどこ?」

「まだ取引を継続しており、うちがやっていますとは言わないだろうね。」

紛糾した大証理事会

「大和証券のように、取引を断ってから、やっていたけれど断りました、としゃべるのは楽だね。」
「知らぬ存ぜぬで押し通せる問題かいな。取引所の利益を食ってるんやから、われわれ会員業者は、その分を損こいてるわけや。」
「そのうち馬脚をあらわすだろう。次の大証理事会で、収支予算、経費支出の詳細を検討するから。」
大証の予算決算承認の理事会（二〇〇〇年三月二一日）では、きびしい追求が行われた。
会員「日本リアルタイムス㈱に対する相場情報利用料とは、どういう支出か。」
北村理事長「関係会社にいろいろ情報の提供をお願いしており、その情報を利用したときとか、依頼したことを処理してもらったときに支払う金額です。」
会員「どうしてそんな利用料が必要なのか？　噂によると、先物・オプション取引を委託しているということだが、関連会社との取引内容や受託証券会社の社名、これまでの支払い手数料の金額など、すべて明らかにせよ。」
北村「次回の理事会までに、資料を整備させます。」

会員「関連会社の設立は、当理事会に諮る必要があるのではないか。」

野口副理事長「そのうちの一社は、理事会に諮り承認を得ております。そのほかは、リストラ社員の受け皿としてつくったものが中心で、さほど重要性がないと考えられましたので、諮問することを省略させていただきました。」

会員「こうした事態は、大変重要な意味を持つと思うが、その責任をどうとるおつもりか。北村理事長は人柄がよくて調整が得意とのことで、この五年半やってこられたが、この事態を防ぐことができなかったので、もうおやめになったらどうか。」

北村「大変きびしいお言葉ですが、理事会のご意見として、うけたまわっておきます。」

会員「事実を明らかにするために、調査委員会をつくって事態を明らかにして、当理事会に報告してもらいたい。」

広田議長「それでは、事態究明のため、関連会社問題調査会をつくって、私が責任をもって調査を行い、ご報告させていただきます。」

会員「仮装取引の委託先は、大和証券のほか、光世証券と野村證券だとの噂だが、本当か。」

地区協会長（光世証券社長）「私としては一切承知していない。何でそんな仮装取引を行ったのか。承認なしで関連会社を設立したのはなぜか。」

みな馴れ合いちゃうか

大証理事会での追及、事態の究明を求める声は、なおも続いた。

会員「もし光世証券もこの仮装取引に加わって、手数料収入などの利益を得ていたとなると、地区協会長としての責任は重大だ。」

地区協会長「さっきも言ったように、私は一切関知しない。私の知らないところで仮装取引が行われていたのであれば、光世証券はむしろ被害者であり、知らずに巻きこまれていたということだ。こうした重要問題を解明する委員会には、私も参加して真実を明らかにしたい。」

「今度の事件は、みな馴れ合いでやってたんとちゃうか。」

「そう。大証と東証との競争意識は激しいし、現物は東証、先物は大証でという裁定があったとしても、実績がほとんどなしでは、どうしようもないからね。」

「それじゃ、副理事長は、地区協会長にも相談してやっとるんか。」

「お二人の仲はツーカーだということは有名だし、副理事長は理事長に相談する前に地区協会長のところに駆けつけるほどだからね。でも証取法にひっかかりそうな話を、地区協会長として承認するわけにはいかないから、自分は全く聞かなかったことにして、やるなら取引所限りの責任でやってくれ、ということになっているんじゃないのかな。これは、男同士の約束ということで、副理事長は墓場までもっていくつもりだろう。」

「そういえば、地区協会長はじめ関係者は、最近ストレスでおかしくなっているね。」

「考えてもみい。大和証券でも、何をやっているか見破っているのに、自分の会社の隅々まで知り尽くしているあの社長が、つけだしの注文がわからんはずがないよ。」

「でもみんな地区協会長に遠慮して、なかなかそこまではいえないよ。」

「関連会社の調査委員会も、くさいものにはフタ、ということだろうね。」


地場の会員業者のうち有力な数社が、地区協会長を中心に集まった。

そのテーマは仮装取引など大証不祥事をふまえ、次なる理事長をどうするかということ。折から東証では、大蔵省から天下りしてきた山口光秀理事長が退任するのでこの後任をどうするのか、との議論がされており、証券会社になじみある人物として、株式保振機構の土田理事長（元国税庁長官）の名前があがっていた。保田博元大蔵次官も候補になったが、証券界になじみがない、として拒否されていた。

大証、新理事長さがし

大証理事長の北村氏の追放には、大証不祥事によって成功したが、その後任には天下りを受け入れるのか、拒否するのか。大証地場会員としては、大蔵省から理事長候補の呈示があっても、それを拒否して、地場業者の中から出すべき、との意向が強くなっていた。具体的には、現地区協会長を措いて、ほかに理事長候補はいない、という結論。

しかし、北浜としてどうしても断り切れない人物が、大蔵省から推薦されてきたときは、どうするか。そんな人物がいるのか、ということになり、議論の末、北浜になじみがあり、人柄もよく、積極的でリーダーシップのある人物として、前大証金社長で、現在は万博記念協会理事長の朝比奈氏が推薦されてくる可能性がある。彼なら北浜の業者との相性もよく、過半の会員業者は納得するのではないか。

それでは、本人にその気があるのかどうか、内々に探ってみよう、ということになって、大証金社長時代に親しかった広田元孝理事会議長（広田証券社長）がその任にあたることになった。

広田は直ちに電話をして、翌日、千里にある万博記念公園を訪れることにした。

北浜の社長クラスが万博記念公園を訪れるのは、きわめて珍しいのだが、格別怪しまれることもなく、朝比奈理事長が接遇してくれた。万博公園の日本庭園内にある茶室「千里庵」で立礼式の抹茶がふるまわれた。

朝比奈理事長「最近の北浜はどうですか。」

広田社長「大証では、関連会社問題といって、理事会に無断で一〇社ほどの関連会社が設立され、そこがつけ出しのような先物・オプション取引をしていたことが判明したので、北村理事長と野口副理事長の責任が追及されているんですよ。」

朝比奈「そうですか。それは大変ですね。そういう業界情報は、なかなか世間一般にはもれてきませんね。」

広田「こちらの万博公園は問題ないのですか。」

朝比奈「いや、自民党の行政改革委員会の圧力でつぶされそうなんですよ。私は、いわば万博記念公園の守護神みたいに、東奔西走しなければならないんです。」

広田社長は、そのあとも四方山話をして、公園を辞した。

北浜へ帰った広田は、早速地区協会長はじめ地場証券に対し、朝比奈氏の証券業界復帰の意欲は、必ずしも高くなく、仮に大証理事長として推薦されても受ける気はなさそうだ、と報告した。

この会合は一切なかったことに

この広田報告により、次期大証理事長候補には、地区協会長が確定。なおこの会合は、一切なかったことにする、との申し合わせをしている。

新聞記者から、地区協会長を理事長に推すために、何らかの水面下の策動があったのではないか、との質問はあったが、彼は「理事長選任に関しては、一切策謀や談合はしていない。」と答えている。

大証の理事会はこの年の三月末に二度開かれ、今後の方向が見えてきたが、六月にも二〇日と三〇日に調査委員会からの調査結果報告のために開催されている。

その報告ポイントは次の四項目だった。

①大証システムサービス㈱は理事会の承認を受けて設立されているが、そのほかの関連会社は報告されていない。関連会社との金銭消費貸借は、大証の倫理規定に違反。また関連会社の設立目的は、大証の経費節減のため、人件費などの抑制をはかることだったが、結果的には、経費増加をもたらした。

②関連会社との取引は、大証の市場機能の強化策として実行された。関連会社側にも大証側にも背任や横領の事実は認められない。しかし、仮装売買、馴れ合い売買など（相手方は、野村、大和、光世の三社）は証取法違反の取引とみられる。

③不適切な役員報酬、人件費、業務委託費および接待交際費などの支出がみられた。

④不必要な商標登録、商業登記、特許申請があった。

これを受けて、大証は、野口卓夫元副理事が大証に損害を与えたとし、二〇〇二年三月二九日、背任および特別背任で、大阪地検に告訴した。しかし、この告訴については、私腹を肥やしたことはなく、図利《とり》、加害、目的の立証が困難だとして、不起訴処分となった。また、相場操縦については値決めを行っておらず、価格形成の要件に該当しない、として不起訴となった。

この時期、コンプライアンス（法令順守）や、コーポレート・ガバナンス（企業統治＝企業の不祥事の防止など）の議論が盛んであったこともあって、大証も公益代表理事として、会員外から産業界などの有力者を招へいしていた。

「北浜のため」に樋口氏の登場

アサヒビール名誉会長の樋口廣太郎氏。大証が招いた公益代表の非常勤理事である。

樋口は、この関連会社問題や、先物・オプション仮装取引事件を、できるだけ早くクリアしたいと考えていた。さもないと、マスコミにいろいろと書きたてられ、大証の評価を落とすとともに、北浜全体のイメージダウンとなり、ますます株式離れが進むおそれがある、と考えた。せっかく北浜振興のためという触れ込みで、自分が担ぎ出されたのに、それではまったく逆の結果になってしまう。

理事会では、事務局の口頭説明のあと、広田調査委員長から、

「私から補足します。短期間の調査だったので、必ずしも完璧でないかもしれませんが、慎重

な調査の結果、事務局が述べたような問題点はありますが、本件を利用して担当の役職員が、個人の利益を図ったり、公金の横領をした、といった事実は、認められません。」

樋口理事「それなら、何のためにたくさんの関連会社を設立して、先物・オプションの仮装取引を行ったのか。」

広田「結局、目的としては、第一に、北浜の先物・オプション取引が、ボリュームでみて隆盛であると仮装し、それによってより多くの投資家が取引に参加してくれることを期待。第二に、取引所のリストラに関連して、役職員が退職しても、行き場がないというので、組合対策もあり、その受け皿づくりをしたい、と考えたものと思われます。」

樋口「目的は、北浜のため、大証のため、というので、何か善いことをしようとしたのかもしれないが、その手段、行為としては、証取法違反になるわけですね。個人的に利益をはかったものでなくとも、投資家の信頼回復という観点からは、早期に、かつ、厳格に対処すべきであり、取引所としては、告訴すべきではないですか。」

広田「ご趣旨はわかりました。その方向で弁護士や関係者と相談いたします。」なお、大証としては、樋口理事の意見も踏まえて、告訴を行ったが、先述のとおり、大阪地検では、これを不起訴処分としている。

理事長の去就については、会員からは口々に、六月三〇日の任期満了時に退任すべきとの発言がつづき、北村理事長もたまらず、

「会員のみなさんの決定に従います。」との発言をした。この方針でやむを得ないとの結論が、証券局からも出されていた。

「証券倫理」の欠如、進歩みられず

六月三〇日の理事会において、正式に北村理事長、野口副理事長の退任が承認されるとともに、地区協会長を新理事長に選任し、同時に樋口を理事会議長（広田は退任）に選ぶことが了承された。のちに、大証の株式会社化が実施されると、それぞれ大証社長、会長に就任する。

理事長と副理事長が引き起こした仮装売買の不祥事、それを黙認したかとみえる協会長、そして実行した関連会社と三証券会社の役員、これらの人たちのコンプライアンス意識は、いったいどうなっていたのだろうか。法を守るべき人たちが、自ら法を破る行為を行ったり、荷担するとは、リーガルマインドの欠如を責められなければならない。証券倫理の欠如は、今も昔もあまり変わっていない、進歩がみられないのだ。

本件について証券取引等監視委員会が、金融庁に対して行政処分と告発の勧告を行った。金融庁は大証に対して仮装の先物・オプション取引と、馴れ合い取引があったとして、大証への行政処分を行うとともに、大証の内部統制などに改善策の提出を命じている。

金融庁が告発したのは野口元副理事長であり、これを受けて大阪地検は公訴を提起している。大阪地裁の判決は、「繁盛等目的」（証取法一五九条）の犯罪構成要件は、相場操縦すなわち価格操作の目的を含んでいるが、本件では、価格操作は行っていない。として、本件を無罪とした。二審の大阪高裁では出来高は重要な市場情報であり、活況な取引が行われていると、他人に誤解されることによる弊害は十分に認められる、として懲役一年（執行猶予三年）の判決が言い渡され、確定している。

これなどは、一般投資家は出来高によって投資の意思決定をするなど実社会ではあまりないことを知らない人の理屈だ。また他人に誤解を与える程度の弊害を犯罪構成要件のごとくみなしているが、証券取引の実情を知らず、無理やり理屈だけこねている感があるがいかがか。

そのほか、北村および野口両名に対して大証が支払い手数料その他の損害賠償（請求額は五・五億円）を求めた民事訴訟も併行して行われ、目的にかかわらず賠償の支払義務はあるとされ、和解判決となっている。しかし、数億円との巨額の賠償金を普通の会社員が支払うことは、米国ならいざ知らず日本では不可能で、自己破産しか道は残されていない。結果的には退職金と相殺する形で和解となった。

「シロ」であっても大変なストレス

仮装取引の相手方となって手数料収入を稼いだ証券三社については、なぜか不問とされている。不当利益返還請求という制度があることを知らないようである。大証の株主などは、株式代表訴訟を起こすことが考えられるが、読者はいかが思われるだろうか。表向きは、注文を実行しただけということだろうが、売りと買いとを両方が同時に来れば、大和証券のようにおかしな取引だな、と気づくはずである。

建前はシロであっても関係者は大変なストレスに感じていたことは間違いあるまい。泣いて馬謖を斬るとの三国志の故事があるが、大証社長は、野口元副理事長を激しく非難している。この状況を、より客観的に、朝日新聞塚本章人記者の巽大証社長追悼文から引用させてもらう。

「(立ちはだかる高い壁の) とどめは、大証元副理事長による仮装売買だった。その取引が、光世証券はじめ (野村、大和) 三社を通じて行われていたことで、激しい批判にさらされた。彼は『一点の曇りもない』と話し、証券取引等監視委員会でも問題なしとされたが、この間のストレスが (巽の) 死期を早めたことは間違いない」(独立不羈・人と業績より)

大証の第一〇代の理事長に選ばれると、その日のうちに、巽は大証改革のための手を打った。

「大証の戦略を考える会」(会長・蝋山昌一氏)の設立である。次に、足を引っ張っている関連会社の処理方針を策定した。一二の関連会社を一つひとつ仕分けして、最終的にはそのほとんどを解散させることにした。

また先に触れたように、北村と野口両被告に対して、五億五〇〇〇万円の損害賠償を請求する民事訴訟を起こした。暫くして、両名の退職金について北村五〇パーセントカット、野口一〇〇パーセントカットを大証内部で決定して、一応のけじめをつけた。

他方、「大証の戦略を考える会」の方は、検討を急ぎ、一一月一四日には、大証の株式会社化、コンプライアンス・コミッティの設置、海外から直接取引に参加できるシステムの導入、CIの設定など、七項目の提言をまとめて、理事長に提出した。

コンプライアンス(法令順守)に関しては、コミッティの設立とともに理事長直属の考査室を設けた。そして大証の株式化を、東証に先んじて金融庁へ認可申請した。

正史に、記録されていない

証券取引所の株式会社化は、取引所といえども効率的に運営して利益をあげて、株主(会員)に還元すべきだ、との考え方が、世界の主流になってきていた。東証はまだ踏み切れずにいたが、大証は先んじて申請した。金融庁は、三月三〇日に認可し、大証はその翌日付で組織変更し、株式会社に転換した。

この段階で、会長に樋口廣太郎、社長には理事長である巽が就任、資本金四〇億円。引き続き大証第一部に上場した。

この初の株主総会は六月二九日に開かれ、社外取締役に、市田ひろみ（和服研究家）、井植敏（三洋電機会長＝当時）を選任している。市田は証券に縁はなかったが、着物仲間の恵子夫人の推薦ときいて、受けることにした。井植は巽の同志社大学の二年先輩で友人。

この人選を大証の事務当局はどう思ったのか、大証の正史に、この株主総会の記述ははぶかれている。

なお、家電業界の業況はきわめて厳しく、三洋電機はその後に破たんをきたし、白物家電は中国のハイアールに、長野県にある振動モーターは日本電産に売却された。残余の部分は、京セラと日本電産の合弁会社が買い取るとの案もあったが、三井住友銀行と大和証券の仲介でパナソニック（松下）に売却された。

次に処理を迫られたのは、京都証券取引所の大証への合併。すでに新潟と広島の証券取引所は東証に合併済み。残るのは札幌、福岡、京都のみ。京証は従業員七人。継続雇用を希望したが、労組に厳しい彼は一切うけつけなかった。大証本体の人員削減も視野にあるのに、京証職員のうけ入れは、彼にとっては不可能だった。

さらに彼が念願としてきた大証労働組合の整理。なんとか合理化したいと考えていたが、頭から人員削減を提案するのは無理というもの。そこでこれまで年功序列型の給与体系だったものを職能給に切りかえることにした。職務や職能に応じた賃金体系。これを実施することで次なる問題点が浮かび上がり、人員の合理化に結びつくと期待した。職能給の導入によって総人件費は一三パーセントカットされることになった。

事務機構も部課制からグループ制に変更した。大証は、株主に利益を配当する儲けの追求と、公共的自主規制機関として中立的で公正な規律を実施することを両立させなければならない。財務省から副理事長を採用して、自主規制を任せることにした。

三年間、獅子奮迅の働き

大証は、先物オプションに重点をおいた取引所として、世界各地の取引所、とくに先物・オプションを扱う取引所と、互角に渡りあえる経営をしたい、これが彼の念願であった。

そのため、まず就任早々にニューヨークに飛び、ナスダックの本拠を訪ねて、今後のナスダック・ジャパンのあり方、とくに外国株の日本上場について、本音ベースで話し合おうとした。しかし先方は、思ったより日本市場に関心が薄くて失望させられた。

ナスダック・ジャパンは孫や佐伯に任せてあり、利益を出し親元を潤すべき。それが駄目なら撤退を図るスタンスだ。そして最終的には、その通りになってしまった。外国企業の上場どころではなく、彼は帰国後にその先送りの声明をだす。しかし大証の国際化はもっと幅広いものでなければならない。彼は記者会見などを利用して、これからは国際市場間競争が本格化するので欧州の市場と提携することを模索する、との方向を打ち上げた。

また内部にあっては、取引所の職員の意識改革を促し、国際化の現実を直視して、その対応を考えるべきだとした。これらの一環として、二〇〇一年四月には国際金融博覧会を大阪で開催して、川上哲郎（万博記念協会会長）を会長に担いで大いに盛り上げた。

そこでは「世界のマネー情報の交換」「大阪を世界市場の窓口に」「国際舞台に活路を」「新たな先物市場を模索」などなど、いろいろなスローガンを打ち上げたり、講演会が催された。

ただ会議だけなので所詮は一過性にすぎなかった。恒久的なものとするためには公的、私的を問わず、機関または法人の出先事務所などを誘致して、営業を含めた活動を継続的に行ってもらう必要がある。

それにしても彼は、わずか三年足らずの間に、実にいろいろな仕事をやっている。彼の肉体に、病の影が忍び寄るが、なおもたじろぐことなく、立ち向かっている。ただし残された時間は、あまりに短かった。

〇一年には野村、大和、日興の三大証券会社が、日経225ETF（日経225の株価指数連動型上場投信）のスキームをつくって大証に上場を申請してきた。

ところが上場直前になって、日興アセット社が大証上場をとりやめて、東証に上場することに変更した。東証があれほど非難していた日経225指数で、あり得ない変節であった。

知識より実感湧かず　日経225

日経225指数の投信を東証もやりたい、としたのは、東証のトピックスＥＴＦ（指数連動投信）のみでは、大証にとてもかなわないとみて、日興アセット社を抱き込んだのだった。

大証理事長が抗議したのに対し、当時の土田東証理事長は、下のものがやったので自分は知らないが、優れた商品を上場してもらいたいと働きかけるのは取引所としては当然、と答えた。

東証は、日経225悪玉論者である。あれほど大証を攻撃していた東証としては、はなはだ不適切な回答だった。

「東証へ日経225の関連商品を上場することは、従来の経緯からみて適切でないので、直ちにやめさせる。」

と答えるか、

「日経225悪玉論は、東証側の誤解だったので、今後は一切主張しない。そういう条件で、今回の日興アセット社の日興225ETFだけは東証上場を認めてほしい。」

というか、二つの内どちらかしかないはず。

記者会見に臨んだ大証理事長は、

「これまで批判してきた大証の商品（日経225）に、横から手を出すということは、実に卑しい、としかいいようがない。」

と述べた。

東証の商品を大証にも上場して、相打ちにしてはどうか、との新聞記者の質問に、

「東証と大証とが、そういう争いをしても仕方がない。問題は、世界の証券市場に立ち向かってどう日本の市場を興隆させるか、ということだ。」

と、世界の証券市場を見据えた正論を述べる。

一方、「卑しい」と名指された東証の土田理事長は、ただちに大証を訪れて、大証理事長と話し合ったが、物別れに終わった。

土田は、日経225先物が、その悪玉論という潰しにあって、シンガポールに移行せざるを得なくなる経緯について、部下から説明を受けて知識は持っていたが、実感が湧かなかった。「卑しい」の意味とか、どの程度「卑しい」のかとの点が十分には理解できなかったに違いない。

土田は、土田元警視総監の弟で、大蔵省勤務時代は秘書課長や銀行課長、銀行局長や国税庁

長官などの要職を務め、自他ともに公明正大な人物と目されてきた。

それだけに「卑しい」と指摘されたのは大変なショックであった。それが原因かどうかわからないが、二年ほど後に奇病にとりつかれ、死去してしまったのは、気の毒だった。

東証へ、精算の一局集中

株券を一元的に預かる「証券保管振替機構」の株式会社化も、巽の心筋を悩ませた。

その発起人は、全国の取引所から出す、との話になっていたのだが、いつのまにか東証だけから出され、知らぬ間に発起人会が開かれていた。

この問題は、全国証券取引所協議会（全取協）で検討されてきたのだが、重要問題を東証の都合のよいように決めるための隠れ蓑に使われている、と考えられたので、大証理事長は全取協の副会長を辞任、脱会した。東証からみれば大証も地方証取の一つにすぎない。

次に、統一精算機関の設立問題があった。これは、証券取引所の決済のため、日本クリアランス機構（ＪＳＣＣ）を設けようというもの。ここでは、精算機関の一本化とともに、デフォルトに備えるファンドとしての違約損失準備金を積むことになっている。

原案では、機構に対する出資比率が、東証八七対大証九だったのに、損失補償の割合の方は、東証六八に対して大証二四となっていた。なぜ補償負担だけ高くなっているのか、と調べると、それまでに各証取で積み立ててきた準備金の累計がこの率になっていたから、その比率を援用したもの。しかし、それでは理屈が通らず不公平なので、大証株主の了解が得られない。大証の取締役会では、出資比率と負担割合とを同じにするようにと決議し、再考を求めた。これを受けてＪＳＣＣの取締役会でも、原案より大証案の方が合理的だとなって、大証案が採用された。

またＪＳＣＣのシステム開発委託先の選定については、電算システムのコンサル専門会社であるアクセンチュアがコンペ案を募集し、その結果、精算インフラとしての信頼性、経済性、効率性などの観点から、東証を選定、委託することになった。彼は、これでは東証の仕組んだ出来レースではないか、と悔しがったが、後の祭り。ここに現物取引の精算業務は、東証に集約されたのと同じことになった。

こうした東証側の独善的、攻撃的な姿勢は、次々に地方の取引所の生き残る余地を狭めようとしているのではないか、と彼には思われた。東証は、大証を潰す気ではないか、ということが彼には徐々に懸念から確信へとかわっていく。

ちょうど徳川家康が、豊臣家を太閤秀吉以来の恩顧や天下統一の功績にかかわらず、滅亡させるために、まず外堀を埋めさせたように……。

ショックだった蠟山教授の急逝

この頃から彼は、身体の不調を感じるようになった。以前から大証の嘱託医に、胆のうについての注意をうけていたが、今度は、下痢と猛烈な腹痛が襲ってくる。大証の仕事が余りに忙しいので、この痛みを無理に我慢してしまうのだった。

仕事のストレスが激しいから、仕方がない、と思う。とくに、大証の仮装取引事件や最近の軋轢《あつれき》では、大きなストレスがたまった。

「株屋の早飯」もよくない。お弁当など二～三分で食べ終わる、というより飲み込んでしまうのだ。でないと商機（勝機）を逸するとの理由なのだが。また、ビールの飲み方も激しい。アサヒビールの樋口名誉会長を、公益理事（のち理事会議長、さらに㈱大証会長）にお願いしてからは、アサヒスーパードライを、大量に、一晩に一ダースくらいは飲みほしている。

しかし、飲食の仕方を多少改善した程度では、腹痛はおさまらない。医者は腸閉塞《そく》ですね、すぐに手術をしましょうといって、二〇〇三年の二月に手術をしてくれた。その後も、様子をみるためと称して、なかなか退院させてくれない。

そのうち六月になると、蠟山《ろうやま》昌一高岡短期大学学長の逝去が伝えられた。彼は、蠟山先生を自分の後任の大証社長にお願いしたい、と考えていたので、非常に大きなショックを受けた。

九月九日には、「故蠟山昌一先生に感謝する会」を催し、病院を抜け出して、主催者としての挨拶をした。

大阪証券取引所の理論面、とくに先物・オプションについての推進を支えていただいた蠟山氏を失ったことは、彼にとって精神的に大きな痛手だった。

腸閉塞とのことで、腸の一部を切除して、つなぎ合わせ、ガスが出て正常に動き出すのを期待していたが、なかなかガスが出ない。その間は点滴で栄養補給をしているが、そのチューブがとれない。彼は、医者に聞いてみた。

「先生、これは何の薬を入れているんですか。」

主治医は、

「それは、栄養剤や、雑菌を抑える化膿止めが、主たる成分です。」

としか答えない。「蠟山先生に感謝する会」のときには、医者の特別許可を得て出席したが、病院に戻ると、どっと疲労感におそわれ、ベッドに倒れこむのだった。

年末に辞世の手紙

彼の大きかった体は、食欲がないため、やせ衰えたうえ、体力もいちじるしく低下してきている。大証の役員会、取締役会や、全国規模の会合、地区協会や北浜の関連会社の役員会などは、すべて欠席せざるをえない。字を書くのもしんどいので、口述筆記で意見書とか挨拶文を作成し、日銀出身の米田副社長に託して、代読してもらうほかにない。今までは、健康で活溌に動けたのに、と思うと、不自由な今の境遇が無念でしかたがない。

旅行も、去年の五月に五代友厚公の銅像の制作依頼に、鹿児島の彫刻家、中村晋也氏を、家族で訪れたきりであった。もう家族旅行も無理かもしれない。

ここまで想いをめぐらすと、父が若くして命を奪われたのと同じ業病にとりつかれたか、といったことが頭をよぎる。

字は書けなくても、声はまだ大声がだせる。親しい友人、知人には、病床から携帯で電話をかける。まだ、明るい大きな声だ。電話をうけた人は、とても元気そうで、あと三カ月足らずでなくなる病人とは、とうてい考えられなかった、と異口同音にいう。

その年の師走になると、年末の挨拶をみなに送っておこう、と思いつく。病床に、取引所の人に来てもらい、口述筆記で、考えていること、お世話になった人たちのこと、これまでの人生で想い出す人々のことなどを、手紙にして出すことにした。まだ、自分では元気なつもりでいるが、時々意識がもうろうとしたような状態になる。

この辞世の書ともいえる手紙は、秘書の人にいって、二～三度書き直したということだが、それなりに文意や発想がよく練られている。

そして彼の最後の想いや気持ちが、よくあらわれているので、少し長いが全文を引用させていただく。なお原文のままとさせていただいた。

謹啓　歳晩の候、ますます御健勝のこととお慶び申し上げます。

さて、私儀、今年一月に急性腸閉塞の手術を受けましたが、二月一七日に退院したその足で出勤し、その日に阪神タイガース星野監督の財界講演会である虎仙会会長を引き受け、日本銀行の福井総裁にも名誉会長をお願いしましたら、アッという間に優勝。

想い出は「大阪に尽きる」

また、国会衆参両院の参考人招致、旧経営陣が起訴に至るなど、休みなく東奔西走しておりました。三年半前に現職について以降、株式会社化、関連会社問題の徹底的な事実解明、そして旧経営陣の告訴・告発、さらに三〇年間も店ざらしにされてきた労組問題への抜本的な対応を図るなど、一二四年の悪しき大証の伝統に終止符を打つべく「取引所の民営化」ともいえる改革に矢継ぎ早に取り組んできました。

来年には大阪証券取引所が大証に上場するに至り、取引所改革の端緒を開き終えたと思っております。時まさに一応の目処をつけ、ホッとしたところで再発、主治医にはドクターストップを命ぜられました。この機に聞き入れるのが適当と思い、身体を暫し休めつつ、病の床とは思えぬほど元気に過ごしております。

養生の合間に思い出すことは、大阪に尽きます。先物取引の嚆矢《こうし》として世界の金融史に燦然と輝くのは、享保一五年開設の堂島米会所です。江戸時代を通じて日本の米相場の基準となった堂島米会所は、世界の先物取引所の先端となった取引所です。

福沢諭吉は明治二三年頃の「時事新報」でしばしば先物取引奨励の論陣を張り、「米商論」で堂島米会所の存在意義を認め、「相場所の所望」では「例えば徳川政府の時代に米の相場を大阪に許して江戸に禁じたれども、両都の人士に幸不幸の差ありしを聞かず」として大阪ひとつで何が不都合かと喝破しています。

金融先物取引の創始者であるシカゴ・マーカンタイル取引所のメラメイド名誉会長は、大証が昭和六三年に先物取引を始める際のテープカットにおいて「先物は故郷に帰った（What goes around comes around）と祝辞を贈ってくれました。

大阪は、寛政の改革時に鴻池、加嶋屋などが二四万両献金に応じ、維新にあっては、鴻池、加嶋屋、住友などが二〇〇万両を献じ、これがなければ維新回天もなく、ほんまもんの有栖川宮もトンヤレ節もなかったはずです。

五代友厚が大久保利通の了解をえて大阪に造幣局をつくったのは、五代友厚秘史に記述のあるとおり、維新にあたり大隈重信の説得に応じて、大阪が多額の献金に応じたことに加えて、大阪が日本経済の中心であるからで、大久保利通もその大阪に報いるべく、五代の望みを叶えたのでしょう。

大先輩広岡、千田二人の薫陶

大証の前身である大阪株式取引所は、大阪から日本を繁栄させるために一八七八年（明治一一年）七月一九日に五代友厚らが大蔵卿《けい》大隈重信の認可を得て、創設したものです。この開業免状は、小生の執務室に飾っております。

また、来年完成する大証の新ビルの正面には、大阪の象徴として、大阪市、大阪府警とも協議のうえ、五代友厚の大阪への思いと大阪株式取引所の意義を伝えるべく、東京の常盤橋公園にある渋沢栄一像に匹敵する五代友厚像を設置します。像は、鹿児島大学名誉教授、芸術院会員、文化功労者の中村晋也先生の手で現在鋭意作成中です。

大同生命の創業者でもある加嶋屋広岡家は、大阪の先物取引の歴史と小生の経営哲学に欠くことのできない存在です。

一七二八年（享保一三年）に堂島米会所の設立を江戸に出向き大岡越前守に願いでたのは、

第四代広岡久右衛門（正喜）です。

島実蔵氏の「大阪堂島米会所物語」では、第四代広岡久右衛門が加嶋屋泰三とされ、その先代伝蔵は米相場を掌握しようとした江戸の業者に暗殺されるとの筋立てで、当時から江戸が大阪の先物取引を規制しようとしていたことがわかります。

第一〇代広岡久右衛門（正直）先輩は、一九一四年（大正三年）に同志社大学経済学部をご卒業後、ハーバード大学大学院銀行科、ボストン大学に留学。第一国立銀行、ニューヨーク・メトロポリタン生命保険会社を経て、加嶋銀行、大同生命の経営に長年携われ、また同志社ラグビー部の創設者であり、公私ともに大変可愛がって下さいました。

しばしば小生を大阪倶楽部にお招き下さり、小生は直径一～二センチのビーフ・ステーキを毎回決まって三個ご馳走に預かりました。「こんな小さなビーフ・ステーキ三個では体がもちません」と小生がいうと「これ以上は、家に帰ってうどんを食え」と仰いました。

同志社神学校から京都大学法学部に進み、一九一六年（大正五年）に卒業された後、加嶋銀行、大同生命を通じて正直先輩の右腕として仕えておられた千田民衛先輩は、奥方が小生の茶道の師匠であり、千田先輩ご自身も小生の先輩格の茶人であって、この方にも大層可愛がっていただきました。

お二人は、小生にさまざまな薫陶をお授け下さいました。

新撰組への借用証

その中には、第四代広岡久右衛門（正喜）が江戸と大阪を幾度も往復し、苦労の末に開設の許しを得たとの逸話もありました。大証に先物市場を開設する際に小生は、この故事を思いつつ故佐藤徹証券局長との交渉に臨んだものです。

小生が大証経営に当たる志は、加嶋屋が堂島米会所を設立した志や、鴻池、住友が献金に応じた気持ちと同じく、大阪の発展、奮闘こそが日本全体の発展につながると確信してのことです。金融市場の発展こそ都市の発展の要であり、その中心に大証が存する故に、小生は大証経営に熱意を抱き続けることができます。

最後に、来年のＮＨＫドラマは新撰組を取り上げるとのことで、御貴台にも話題をご提供致したい。

八月二五日に開かれた大林組の故大林芳郎名誉会長のお別れ会において、大証が先物市場を復活するに当たって一九八五年（昭和六〇年）九月に組成した米国視察団と同年一二月開始の「株式先物取引を考える会」に関西財界の代表の一員としてご参加下さるなどのご尽力を頂戴した大同生命元社長・会長の平野和男氏と、同じくすべてにわたってご尽力頂いた日本生命元社長・現会長の伊藤助成氏と歓談し、大阪の歴史的な役割について熱く語りました。その折りに、第八代加嶋屋久右衛門が一八六七年（慶応三年）に新撰組の近藤勇と土方歳三に対して四〇〇両を貸し付ける際の自筆の借用証が大同生命に現存していることを伺いました。

新撰組はなぜ加嶋屋に金を借り、加嶋屋はなぜ金を貸したのか、思いを致したいと存じます。一度拝見したく思っておりましたところ、今年九月九日の蝋山昌一先生に感謝する会に参列された平野氏が、借用証の写しをわざわざ持って来て下さいました。

小生の手許にだけ留めておくのは、あまりに惜しいと思い、同封いたします。天然理心流の達人が虎徹を筆に替えて借用書を認めていますが、その際に彼らがどういう国家観を抱いていたのかという点に思いを致しつつ、一年間大河ドラマをお楽しみいただきたいと存じます。来年の大河ドラマを見終わった年末にご意見を頂戴できれば幸甚です。

病床から徒然なるままに一筆啓上致しました。末筆ながら御貴台のご健勝をお祈り申し上げます。どうぞ良いお年をお迎え下さい。

平成一五年一二月吉日

謹白

理想主義者かつ偉大な現実主義者

これは、大証社長だった彼が亡くなってから編纂された追悼文集「独立不羈　初代社長の人と業績」から転載したものである。一部の人名を除いて、原文のままとしたが、何分病床での執筆ゆえ、読者には読みにくい表現もあり、この点は筆者が代わってお詫びする。

その内容については、できるだけ弱みや泣きは見せないようにしているが、彼の人生を振返って、ある意味で覚悟が読み取れるような部分もみられる。身近な人やお世話になった人々との交流が伝わり、また、大阪に対する限りない愛情が読みとられる。彼の人柄がよくでており、とても一〇日後に亡くなる人の文面とは思われない。

なお、ここに触れられている米の先物取引は、彼の死後八年を経て、二〇一一年八月に東京と大阪の農産物の取引所において復活が認められている。

また、証券取引所の将来像として、世界各地の国際的に著名な取引所の統合、合併、業務提携の動きを踏まえて、わが国の東証と大証の統合の動きが報じられていたが、一四年一月には、両者の合併が実現している。そして、東証は現物市場、大証は先物市場に特化している。

世界各地の有力取引所が、規模のメリットを生かすためとか、不足している機能を補うためとか、あるいは不足しているコーポレート・ガバナンスの確立のためとか、いろいろな目的をもって、合併したり、提携したりしている。

東証と大証も、世界の市場をにらんで、お互いの弱点を補いつつ、日本経済の成長発展を推進し、オープンで公明正大な企業の監視機構として、グローバルかつインターナショナルに生き残っていくためには、統合は一つの選択肢であった、といえよう。

もし、彼が生きていたら、こうした最近の動きをどう見るだろうか。とっさの判断というか、第一次的反応としては、江戸による大阪の吸収で、大阪つぶしだと反対するのかもしれない。しかし、これまで東西の対立のみがクローズアップされてきたが、世界市場をにらんでそれと取り組むという彼本来の姿、理念からすれば、日本の二大証券取引所が一丸となって、世界の強力なライバルに対抗しようとする動き、方向性に対して最終的判断としては賛成するのではないか、と筆者は憶測するのである。そうであってこそ、世界市場を見据えてきた、なにわの風雲児の面目がある。

彼は、理想主義者であると同時に、偉大な現実主義者であったことも、間違いない。

礼服二着と旅立つ

さて、いよいよ彼の終焉《えん》の日が近づいてくる。これほど風雲児といわれ、ハリケーンのごとく北浜を席巻し、一部の関東もんの心胆を寒からしめた人物が、この世にいなくなるということは、筆者にとっても、いな恐らく読者にとっても、誠に寂しい限りである。

一二月のクリスマスが近づくと、いよいよ彼は、こんな病院で死ぬのはいやだと思うのだった。暖かい雰囲気の自宅へ帰りたい。家族に囲まれて、自分の家で死にたい。

「ここでは死なない。家へ連れて帰れ。」とあらん限りの力をふりしぼり、わめき散らす。これまで、自宅では十分な治療ができないからと、患者をなだめてきた主治医も、もはやこれまでと認識して、芦屋の自宅へ帰ることを許可した。

「そのかわり点滴はつづけ、外出は控えて下さい。正月あけには、病院に戻って下さいな。」主治医も、正月あけに、彼が戻れるとは、多少の可能性はあっても、内心は思っていなかった。

そして一二月二三日、これは彼が恵子夫人との愛を結実させる前提として、クリスチャンとなるべく洗礼をうけた日であるが、奇しくもその同じ二三日に、芦屋の自宅で家族に見守られながら、彼はついに天に召された。

ここに、世界の証券市場を見据え、日本の国益を絶え間なく考えてきた男、巽悟朗は、その闘い、すなわち世界市場との闘い、中央集権や東京一局集中との闘い、労組との闘い、無駄な冗費との闘い、もろもろの闘いは、終わりをつげたのである。

彼のやり残したことはいろいろあるが、北浜の取引所の新ビル完成とその正面に据えられるはずの五代友厚の銅像をみること、東証と大証の統合した日本証券取引所の世界的活動と先物取引のシンガポールからの奪還、光世証券の再興いやその前に日本証券市場の復興が必要、その前提となる日本経済の再生と新しい成長、そして家族の者たちの健康と幸せ、などを、十分先々まで見届けたかったに違いない。その意味では、北浜で成功者のナンバーワンにあげられても、やはり無念の思いが伝わってくる。

納棺にあたって、妻恵子は彼が公式の場で着用していた礼服をとりだして、夫に着せた。彼は黒いドスキンの礼服を夏冬あわせて一二着ももっていた。

「礼服で旅立つのが一番あなたに似合うわ」とつぶやくのだった。そして恵子も数年後には夫のもとに旅立つのだった。

（完）

みの ごさく

1938年　岐阜県出身、大阪市在住
大蔵省を経て、大阪証券金融㈱代表取締役社長、日本万国博覧会記念協会理事長、日本電産㈱役員、大阪電気通信大学客員教授、内外情勢調査会千里支部長、大阪信用金庫非常勤理事の後、㈱神戸ゴマルゴ顧問、京都サンフラワー（特養）評議員、同志社吉朝会幹事、泉州池田銀行自然総研顧問、㈲シュバリエ代表
本名　朝比奈秀夫
著書：『アフリカ物語～アフリカに生き、アフリカに死した商社マン～』『炎のバンカー～銀行マンの本分と天国と地獄』『帷（とばり）のうち』『ワシントンの桜～青春の想い出』（いずれもアマゾンkindle版を電子出版）、『人間 佐藤一斎の悩み』（風詠社）、『日英同盟かげの立役者　下田歌子』（風詠社）、『明日の銀行』（近代セールス社）、『義の人西郷隆盛誠の人山田方谷』（幻冬舎）
金融経済新聞に『南洲』を連載の後「渋沢栄一伝」を連載。
2020年「佐藤一斎言志四録普及特命大使」に任命。

青天の霹靂　渋沢栄一の実像

2021年7月27日　第1刷発行

著　者　みの ごさく

発行人　大杉　剛

発行所　株式会社 風詠社

〒553-0001　大阪市福島区海老江 5-2-2

大拓ビル 5 - 7 階

Tel 06（6136）8657　https://fueisha.com/

発売元　株式会社 星雲社

（共同出版社・流通責任出版社）

〒112-0005　東京都文京区水道 1-3-30

Tel 03（3868）3275

印刷・製本　シナノ印刷株式会社

ISBN978-4-434-29244-6 C0095